DER GOLDENE SCHNITT

DAS BART- UND RASURBREVIER FÜR DEN GENTLEMAN

Wallace G. Pinfold

KÖNEMANN

Originaltitel: A Closer Shave

Übersetzung aus dem Englischen:
Wolfgang Beuchelt für Schulz Bild & Text
Redaktion und DTP-Satz der deutschen Ausgabe:
Schulz Bild & Text, Dagebüll

Projektkoordination: Dr. Marten Brandt
Herstellung: Ursula Schümer

Druck und Bindung:
Kossuth Printing House Co., Budapest

Printed in Hungary

ISBN 3-8290-3615-9

10 9 8 7 6 5 4 3 2 1

Für meinen Vater

Inhalt

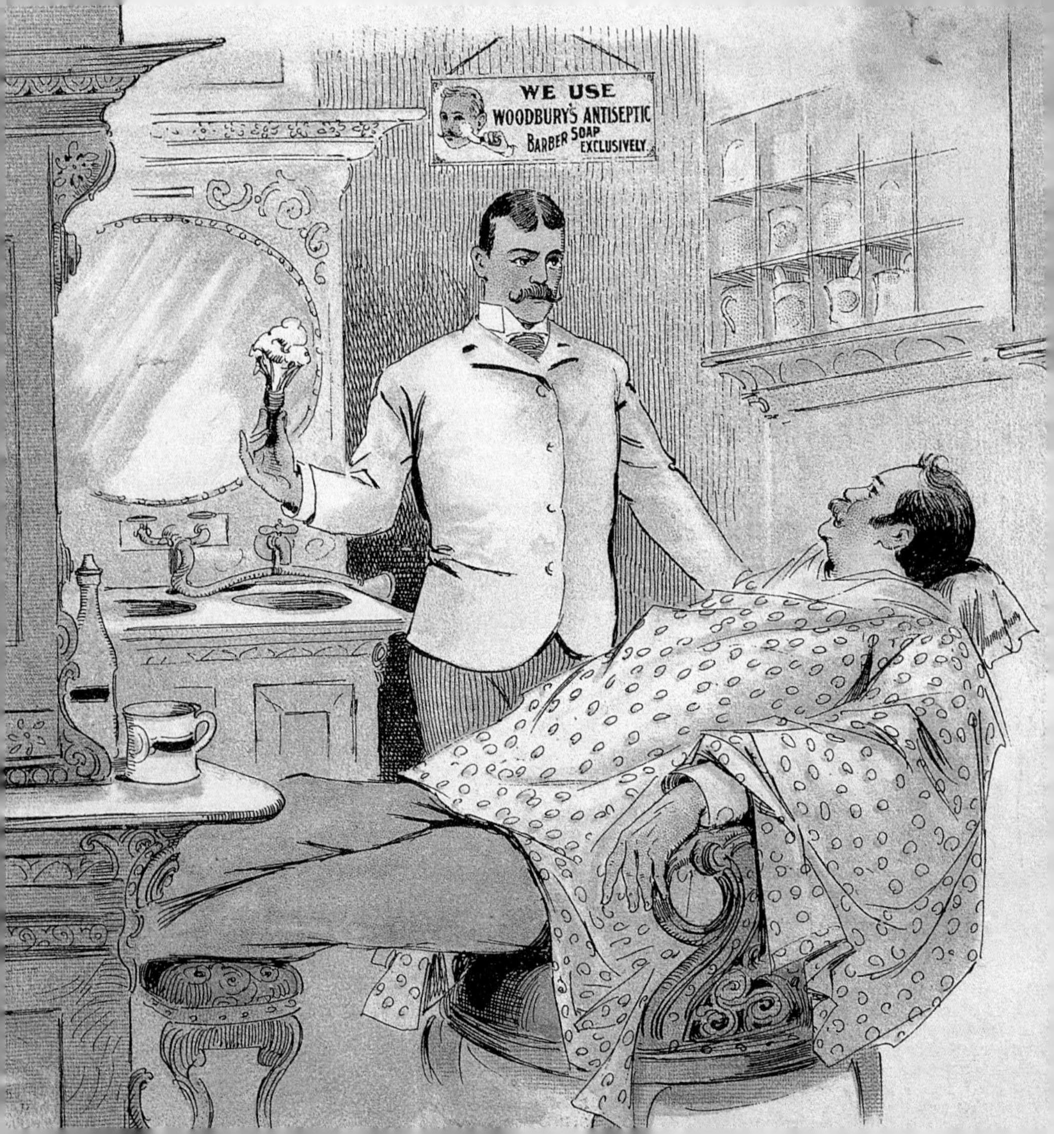
WE USE
WOODBURY'S ANTISEPTIC
BARBER SOAP
EXCLUSIVELY.

Einleitung

Ich habe mal Bart getragen, mal keinen. Ich haderte regelrecht mit der Größe meines Schnurrbarts und überlegte, ob ein wenig Wachs nicht sein Aussehen verbessern könnte. Manchmal war es bloß angenehm, einen Bart zu tragen, ein anderes Mal ließ ich mir einen Bart wachsen, weil ich dachte, es sähe gut aus. Einmal habe ich mir sogar einen Bart stehen lassen, um älter zu wirken. Doch die meiste Zeit war ich glatt rasiert und hatte, wie die meisten Männer ab ihrem vierzehnten Lebensjahr, ein inniges Verhältnis zu meinem Rasierapparat.

Körperbehaarung ist ein Merkmal, das wir mit anderen Säugetieren teilen, von den großen Walen bis hin zu den Hauskatzen. Allein die Entschiedenheit, mit der wir Menschen uns um unsere Haare kümmern, unterscheidet uns vom Rest des Tierreichs. So nehmen wir durchaus an, daß Orang-Utans mit ihrem Aussehen zufrieden sind. Vom Homo Sapiens jedoch wissen wir aus erster Hand, daß er dies nie ist. Entweder haben wir zu viel oder zu wenig Haar. Es wächst, wo wir es auf keinen Fall haben wollen, oder es wächst gar nicht. Und jeden Morgen, egal ob bei Sonne oder Regen, hat die männliche Version dieser Spezies einen Bart, um den es sich zu kümmern gilt.

Einen Bart und eine Einstellung zu ihm. Was soll das alles?, fragt sich ein Mann. Schlafe ich, wächst mein Bart. Fahre ich zur

Arbeit oder arbeite im Garten, wächst mein Bart. Lese ich ein Buch, schreibe einen Scheck aus, gieße einen Kaffee auf – egal was ich tue, ein Schatten kriecht über mein Kinn. Sogar wenn ich mich rasiere, setzt mein Bart sein unerbittliches Wachstum fort.

Wozu also rasieren? Nun, wir rasieren uns, um gut auszusehen. Wir rasieren uns, um anderen zu gefallen. Wir rasieren uns – zumindest viele von uns –, weil die meisten anderen Männer es auch tun. Zur Regelung des Bartwuchses bedarf es keiner aufwendigen Vorschriften, denn Sitten und Mode sind genauso bindend wie Verordnungen und Gesetze.

Anstatt diese tägliche Aufgabe als lästige Pflicht zu betrachten, sollten wir uns besser an ihr erfreuen. Denn weit mehr als die Pflicht zur Sportschau, sonnabendliches Autowaschen und ausgedehnte Aufenthalte im Heimwerkermarkt, ist das Rasieren ***die*** männliche Beschäftigung schlechthin. Und die tägliche gründliche, glatte Rasur wird für viele Männer das einzige bleiben, worin sie in diesem Leben Perfektion erlangen.

Zum Glück hat es in der Geschichte der Menschheit nie eine bessere Zeit gegeben, um sich zu rasieren, als heute. Die „Ausrüstung", die unseren Vorfahren in der Bronzezeit dafür zur Verfügung stand, nötigt nachgerade Respekt ab. Die geraden Rasierklingen, zu denen bis Anfang des zwanzigsten Jahrhunderts keine Alternative existierte, sind furchteinflößend. Doch seit der Erfindung des Sicherheits-Rasierers vor rund 100 Jahren sind Rasierutensilien heute einfacher zu verwenden, wesentlich ungefährlicher und auch preiswerter als je zuvor. Dank der Einführung des elektrischen Rasierapparats im Jahr 1929 können sich Männer zudem heute überall dort

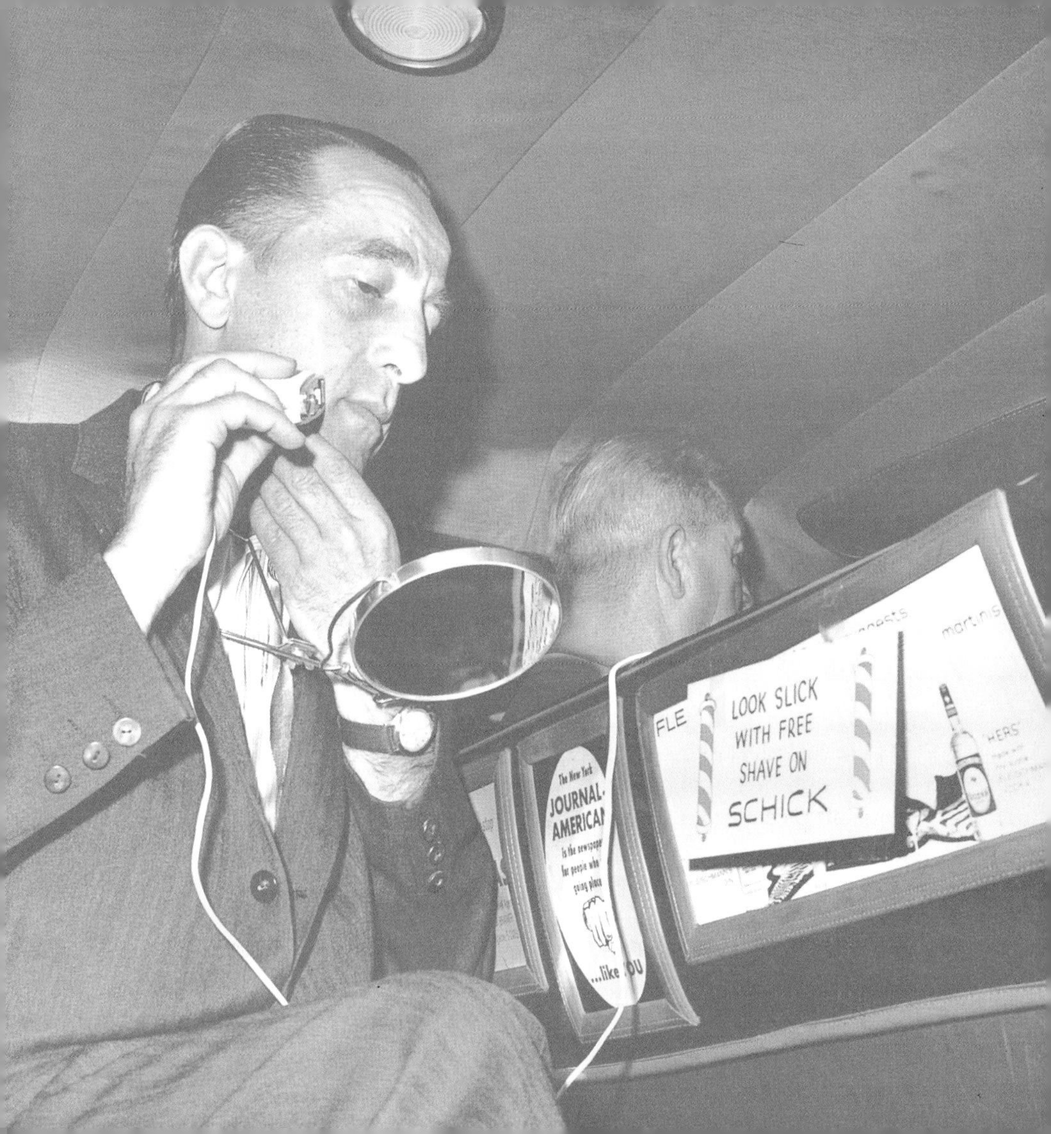
LOOK SLICK
WITH FREE
SHAVE ON
SCHICK
The New York
JOURNAL-
AMERICAN
martinis

unkompliziert rasieren, wo sie eine Steckdose finden.

Der technische Fortschritt und der gewachsene Freiraum für die Entfaltung der eigenen Persönlichkeit verhindern, daß die Frage „Rasieren oder nicht Rasieren?" allgemeingültig beantwortet werden kann. Ein kurzer Blick in die Geschichte oder auf andere Kulturen hilft uns, die Freiheit zu schätzen, selbst entscheiden zu können. Nimmt man Levitikus wörtlich, so legt er Juden und Christen gleichermaßen eine Verpflichtung auf – und der Zwang, sich einen Bart wachsen lassen zu müssen, kann genau so eine Bürde sein wie die tägliche Rasur.

Was das Rasieren angeht, liegt viel hinter uns. Die männlichste aller männlichen Aktivitäten besitzt eine heroische Vergangenheit und eine Gegenwart voller Möglichkeiten und Perspektiven. Wie könnte man die fünf Minuten der täglichen Rasur besser nutzen, als sich einige Gedanken über dieses Ritual zu machen? Bei der Rasur – in die Betrachtung des eigenen Spiegelbildes versunken – läßt sich gut Descartes Motto abwandeln:

Rado ergo sum.

Die Nuba

In der sudanesischen Provinz Kordofan glauben die Menschen, daß Rasieren, Haarpflege und Körperbemalung die Aktivitäten sind, die den Menschen von den Tieren unterscheiden. Die jungen Männer einer im Südosten lebenden Gruppe der Nuba rasieren ihre Körper, Köpfe und Gesichter, ölen ihre Haut und verzieren – wenn sie genügend Zeit haben – ihre nackten Körper mit Mustern, die man in Farbe, Form und Ausdruckskraft mit japanischen Tätowierungen vergleichen kann. Einem Mythos der Nuba zufolge sprachen Affen einst dieselbe Sprache wie die Menschen. Daher ist es nicht die Fähigkeit zu sprechen, die den Menschen zum Menschen macht, sondern seine Fähigkeit, sich die Haare zu entfernen.

Was ist Haar?

„Aber auch die Haare eures Hauptes sind alle gezählt."
Matthäus 10,30

Haare. Sie sind das Thema von Musicals, Märchen und so unzählig vielen Zeitschriftenartikeln, daß es Jahrhunderte dauern würde, sie alle zu lesen. Beim Menschen wachsen die Haare rund 0,35 Millimeter am Tag (1 Zentimeter im Monat, 2,5–3 Zentimeter alle drei Monate und im Jahr etwa 12–15 Zentimeter). Und das bis zum letzten Atemzug. Über fünf Millionen Follikel bevölkern unseren Körper und sie alle haben ihren eignen Wachstumszyklus. Die Kopfhaare werden nicht älter als drei bis fünf Jahre. Die Wachstumsphase der Augenbrauen beträgt hingegen nur etwa zehn Wochen, und sie werden nie besonders lang. Wir haben keine abgestimmten, saisonal bedingten Wachstums- oder Abwurfphasen der Haare, wie es bei einigen Tieren der Fall ist. Lediglich Menschen, die am Polarkreis leben, verlieren im November mehr Haare als in jedem anderen Monat sonst.

Haar ist nicht gleich Haar. Ein Teil unserer Körperbehaarung – alle Haupthaare und der Bart – sind pigmentiert. Daneben gibt es noch die vielen, fast unsichtbaren Haare, die auf dem Rest unseres Körpers wachsen und nicht pigmentiert sind. Wir besitzen weniger Haare als Gibbons oder Gorillas, jedoch haben wir dreimal so viele Haare wie Schimpansen – da letztere aber lange, dicke Haare haben, wirken wir im Vergleich zu ihnen nackt.

Die Anzahl der Haarfollikel pro Quadratzentimeter Gesichtshaut entscheidet darüber, welche Art von Bart ein Mann hat. Wären die Barthaare gleichmäßig über das Gesicht verteilt, sähen wir alle noch aus wie die Primaten. In Wirklichkeit ist die Konzentration von Barthaaren jedoch im unteren Wangenbereich am geringsten und auf der Oberlippe am stärksten. Daher können wesentlich mehr Männer sich einen gleichmäßigen Schnäuzer wachsen lassen als einen gleichmäßigen Vollbart.

Mal mehr, mal weniger

Die Art von Bart, die ein Mann hat, und die Häufigkeit, mit der er sich rasieren muß, ist auch eine Frage der ethnischen Herkunft. Ganz schlicht: Männer aus Mitteleuropa und dem Mittleren Osten sind am behaartesten, Asiaten haben die wenigsten Haare und Afrikaner rangieren irgendwo in der Mitte. In der Gruppe der stark Behaarten verfügen Männer des östlichen Mittelmeerraumes und des Nahen Ostens über die dichteste Körperbehaarung.

Der Vollständigkeit halber sollte noch erwähnt werden, daß der Bartwuchs bei den unterschiedlichen ethnischen Gruppen auch seine volle Stärke zu unterschiedlichen Zeitpunkten erreicht. Beim Vergleich von europäischen und asiatischen Männern zeigt sich, daß der Bartwuchs eines Europäers etwa im Alter von 35 Jahren am dichtesten ist (also die meisten Follikel pro Quadratzentimeter aufweist). Bei einem Chinesen bedarf es weiterer 30 Jahre, bis sein Bartwuchs seinen Höhepunkt erreicht hat.

Was wollen uns all die Fakten über die Biologie des Bartes nun sagen? Ganz einfach folgendes: Die Fähigkeit eines Mannes, sich einen Bart oder Schnäuzer wachsen zu

Supermann

Regen Sie sich darüber auf, daß Ihre Haare so dick sind und derart schnell wachsen, daß Sie sich zweimal am Tag rasieren müssen? Dann schätzen Sie sich glücklich, nicht Supermann oder einer seiner anderen, übernatürlich ausgestatteten Kollegen zu sein – die haben nämlich wirklich zu „kämpfen":

„Jeglicher Versuch, Supermanns Haare mit normalen Werkzeugen zu schneiden, endet immer mit kaputten Scheren. Supermann kann seine Haare nur selber schneiden, falls es unbedingt notwendig ist, und zwar indem er sie der konzentrierten Kraft seiner Röntgenstrahlen aussetzt. In der Umgebung einer roten Sonne indes, wo Supermann keine Superkräfte besitzt, verliert sein Haar seine Unzerstörbarkeit und beginnt zu wachsen. Darum: Wenn er auf einem solchen Planeten eine Mission zu erfüllen hat, sollte er sich besser rasieren und sich die Haare schneiden, bevor er auf die gelb besonnte Erde zurückkehrt, wo seine Haare erneut unzerstörbar sein werden."

Michael L. Fleisher, *Das große Supermann Buch*

lassen, der es wert wäre, ins Guinnes-Buch der Rekorde aufgenommen zu werden, hat nichts mit positivem Denken oder seiner Zeugungskraft zu tun. Er hat seinen Bart einzig und allein den Zufällen der Geschichte zu verdanken – mit anderen Worten: seinem genetischen „Gepäck".

Wachstum über den Tod hinaus

Der Aberglaube, der Bart – sowie die Haare, die Fingernägel und die Zehennägel – wüchsen nach dem Tod weiter, existiert mindestens schon seit der Zeit der Römer. Obwohl er absolut nicht zutrifft, ist sein Entstehen nur zu verständlich. Nach dem Tod trocknen das Gewebe und die Muskeln aus und ziehen sich zusammen, wodurch die Illusion entsteht, Nägel und Haare wüchsen weiter, da nun mehr von ihnen zu sehen ist. Darüber hinaus verläuft der Verfallsprozess der Haare und Nägel langsamer als der des restlichen Körpergewebes.

Nach dem Tod verdunsten nach und nach die flüssigen Bestandteile der Haut, sie trocknet aus, wodurch es so scheint, als stünden die Haare „zu Berge" und als würden die Barthaare eines Mannes noch weiterwachsen; selbst mancher beflissene Bestatter rasiert den Verstorbenen vor der Beerdigung. Jedoch ist es kein neuer Bart, der da zu sehen ist; es ist nur der alte, der nun aber stärker auffällt.

Links: Im Gegensatz zu ihren Schlittenhunden können Menschen sich nicht durch verstärkten Haarwuchs extremer Kälte anpassen. Daher zog Admiral Peary einen Pelzanzug an – und ließ sich einen Schnurrbart wachsen.

Bärte: Warum und wofür?

„Durch die gesamte Geschichte hindurch hat jeder Teil der Gesichtsbehaarung seine eigene bestimmte Bedeutung gehabt, und die Art, wie ein Mann … seinen Bart rasierte, war ein Zeichen dafür, wie er sich selber sah und wie er von anderen angesehen wurde."

Giles Constable, Einleitung zu *Apologia de Barbis*

Wie kommt es, daß man an den meisten Morgen seines Erwachsenendaseins dem Tag erst dann gefaßt entgegentreten kann, wenn man sich rasiert hat. Man fühlt sich brummig, ungewaschen, noch nicht reif für menschliche Gesellschaft. Ob man das Rasieren liebt, es haßt oder ob einen diese tägliche Pflicht zu Tode langweilt, man erfüllt sie aus den verschiedensten Gründen, solange man nur die Kraft besitzt, den Rasierschaum aus der Dose zu kriegen.

Wir halten die Entscheidung, uns zu rasieren oder es zu lassen, für eine ganz individuelle Sache. Das stimmt aber nur teilweise. Mit unserem Entschluß senden wir eine soziale Botschaft aus, die sich im Lauf der Zeit erheblich wandelte.

Ägyptische Bartscherer

Im alten Ägypten wurden ein Vollbart und starke Behaarung als Zeichen für Unsauberkeit und Nachlässigkeit betrachtet. Auf Grabgemälden sind es immer nur

Fremde oder Mitglieder der niedrigsten gesellschaftlichen Stufe, die überhaupt Körperbehaarung zeigen. Die frühen Ägypter mögen ihr Haar lang und offen getragen haben und mit einer Straußenfeder als Haarschmuck, doch seit Kupfer bei der Produktion von Rasiermessern durch Bronze ersetzt wurde, schnitt man alle Haare so kurz wie möglich. In der Öffentlichkeit trugen Männer und Frauen dann Perücken. Manche Männer trugen dünne Schnurrbärte oder kurze, sauber gestutzte Bärte, doch im Großen und Ganzen waren Körper und Kopf rasiert. Nur zu besonderen Gelegenheiten, etwa

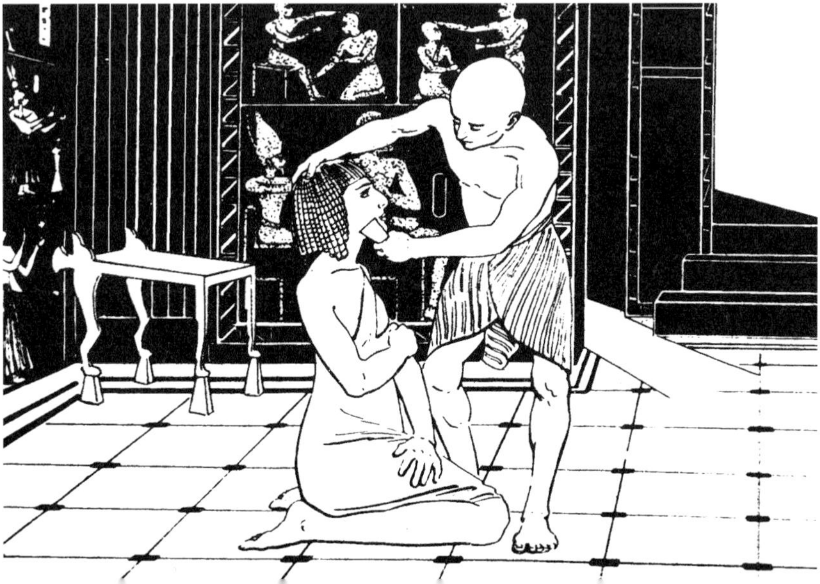

in Zeiten der Trauer, waren Stoppeln im Gesicht erlaubt.

Am Hof, in den Haushalten der gehobenen Gesellschaft, in Tempeln und anscheinend auch in der Armee beschäftigte man Handwerker mit besonderen Barbierfähigkeiten, die sogenannten *chuka* (Bartscherer). Dem einfachen Volk dienten andere Bartscherer, doch die von Archäologen gefundenen Gegenstände lassen vermuten, daß die Menschen sich regelmäßig zu Hause rasierten und enthaarten. Die Wohlhabenden verwendeten Rasiermesser, Messer und Pinzetten aus Kupfer oder Bronze, die Armen mußten sich mit Messern oder Schabern aus Feuerstein behelfen.

Trotz der Gewohnheit, sich am ganzen Körper glatt zu rasieren, trugen ägyptische Männer und Frauen gleichermaßen falsche Bärte und künstliche Perücken, die von einem Band gehalten wurden, das über den Kopf geführt und mit einem goldenen Kinnriemen befestigt wurde. Dieser Brauch läßt sich bis zur Zeit der ersten Dynastie zurückverfolgen.

Alexander der Große

Bis Alexander der Große (356–323 v. Chr.) seinen Soldaten befahl, ihre Bärte zu rasieren, war der Brauch so gut wie unbekannt (nur der griechische Historiker Herodot beschrieb rund ein Jahrhundert vor Alexander die abstoßende Wirkung der haarigen Griechen auf die glattrasierten Ägypter). Die Gründe Alexanders waren rein praktischer Natur: Im Kampf Mann gegen Mann konnte man vom Gegner leicht am Bart gepackt werden. Ob es nun stimmt, daß Alexander, der selber keinen Bart trug, den Wunsch hatte, dem ewig jungen Gott Apollo zu ähneln, oder nicht – sein glatt rasiertes Gesicht setzte in der griechisch-römischen Welt eine ganze Periode der Bartlosigkeit in Gang.

Hadrian

Zu Beginn des römischen Imperiums waren die führenden Römer glatt rasiert. Kaiser Hadrian (117–138 n. Chr.) vollendete nicht nur das Pantheon und baute einen Wall quer durch Britannien, sondern belebte auch die Bartmode für einige Zeit wieder. Der in seiner Zeit als fortschrittlich und als Förderer von Bildung und Kunst geschätzte Kaiser war kein gut aussehender Mann. Sein Gesicht war durch häßliche Kriegsnarben gezeichnet, und auf dem Kinn hatte er eine Warze. Hadrian ließ sich einen Bart stehen, um diese Schönheitsfehler zu verbergen und um bei seinen Reisen durch sein Imperium bei seinen Untertanen einen besseren Eindruck zu hinterlassen.

Gekrönte Häupter

Die Bartmode war durch die Geschichte immer einem stetigen Wandel unterzogen. Als noch Könige regierten und Bärte in Mode waren, richtete sich die Bartmode nach den gekrönten Häuptern.

Zur Zeit der normannischen Eroberung (1066) trug man in England keine Schnurrbärte. Wilhelm der

Hadrian, römischer Kaiser von 117 bis 138 n. Chr.

Eroberer und seine Soldaten waren glattrasiert, und so machte schon der kleinste Schnäuzer einen Mann verdächtig. Aber Mode wandelt sich, und so dauerte es nicht lange, bis Bischof Serle den normannisch geführten Hof Englands nicht gerade schmeichelhaft mit „dreckigen Ziegen und stoppelbärtigen Sarazenen" verglich.

Heinrich II. (1154–89) war während seiner Regentschaft glattrasiert, Heinrich III. (1216–72) trug einen langen Vollbart, Eduard II. (1307–27) einen Schnurrbart, dessen Enden von je drei großen Locken geziert wurden. Eduard II. (1327–77) zog einen gut gepflegten, gegabelten Bart vor, Richard II. (1377–99) trug kleine Bartbüschel beiderseits des Kinns, Heinrich IV. trug ebenfalls Bartbüschel und drehte sie zu Locken.

Als Heinrich VIII. (1509–47) den Thron bestieg, waren Bärte schon längere Zeit außer Mode. Aus den Chroniken der Stadt Canterbury geht hervor, daß Bürger für das Tragen eines Bartes Strafe zahlen mußten. Rechtsanwälte mit langen Bärten, die im Lincoln's Inn (dem Gerichtshof) einkehren wollten, hatten doppelte Preise zu zahlen. Im Jahr 1535 ordnete Heinrich an, sich „die Haare zu stutzen", und erlaubte, bei Hofe einen kurzen Bart zu tragen. Seine Tochter Elisabeth (1558–1603) schickte vier bärtige Männer als ihre Abgesandten nach Moskau. Einer von ihnen, George Kenilworth, schmückte sich mit einem Schnurrbart, der so lang war – zwei Meter und sechs Zentimeter –, daß sogar der nicht eben für seinen Humor berühmte Ivan der Schreckliche laut auflachte und der Versuchung, mit dem Prachtstück zu spielen, nicht widerstehen konnte.

Der französische Zeitgenosse Heinrichs VIII., Franz I. (1515–47), erlitt einmal während einer Schneeballschlacht eine so schwere Kopfwunde, daß sein Kopf rasiert

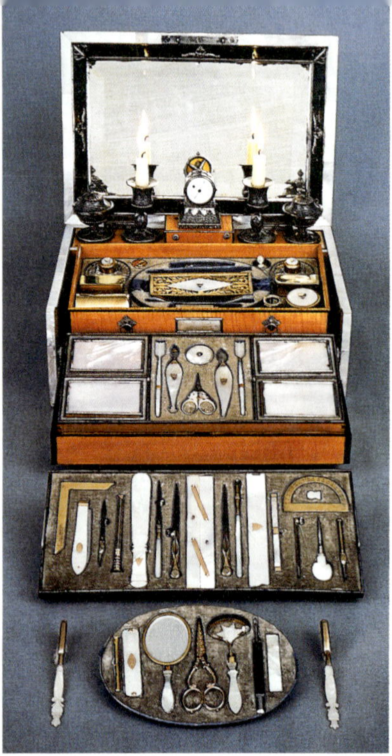

Mit dieser Reiseausrüstung aus Stahl und Perlmutt wurden im 19. Jahrhundert Frisur und Bart des spanischen Königs Ferdinand VII. in Form gebracht.

werden mußte. Während der König sich erholte, blieb sein Gesicht unrasiert. Als er wieder gesund genug war, sich seinen Untertanen zu zeigen, hatte er einen stattlichen Bart und trug seine Haare kurz, was dazu führte, daß sogleich kurzes Haar am Hof Mode wurde und die Höflinge anfingen, ihre Bärte wachsen zu lassen. Auf einer Miniatur, die den von Lymphknotentuberkulose genesenden Heinrich II., den Sohn Franz I., darstellt, trägt er in dem Jahr, in dem er König wurde, Haare und Bart genauso wie sein Vater.

Samuel Pepys

Samuel Pepys (1633–1703) legte in seinem Tagebuch Zeugnis über die Freuden der täglichen Rasur ab. Der Chronist des Großen Brandes von London versuchte, seine Bartstoppeln mit Bimsstein abzureiben, eine Technik, die schon mehr als ein Jahrtausend zuvor von römischen Legionären angewendet worden war. Später erlernte er die Handhabung des Rasiermessers und war höchst erfreut, wie viel weniger an Zeit, Geld und auch Blut ihn dies kostete. Als er eines Tages zu Hause arbeiten wollte, schreibt Pepys, sei er unrasiert in sein Arbeitszimmer gegangen, doch „ohne mich rasiert zu haben, bin ich nicht völlig wach noch bereit, mich auf die Arbeit zu konzentrieren".

„Oh Herr! Wie häßlich ich doch gestern war und wie ansehnlich bin ich heute," schrieb Pepys nach der Rasur.

Peter der Große

Tod und Steuern, so sagt man uns immer wieder, sind unvermeidlich. Und so ist es auch mit den Meinungen über Bärte.

Zar Peter der Große von Rußland (1672–1725) ist berühmt für seine imposante Statur – er war zwei Meter groß –, seinen starken Alkoholkonsum und für seine immense Grausamkeit. Er gründete St. Petersburg, rief die russische Flotte ins Leben und modernisierte Rußland. Im Zuge seiner Kampagne zur Anpassung seines Reiches an den fortschrittlichen Westen verlangte er im Jahr 1705 von seinen Untertanen, sich die Bärte abzurasieren.

Russen, die dies ablehnten, mußten eine Bartsteuer entrichten. Die Ächtung von Bärten mag dem heutigen Leser als ein modischer Spleen erscheinen, für die Untertanen Peters des Großen stellte sie jedoch eine Beleidigung der russischen Tradition dar. Für Peters Vorgänger, Ivan den Schrecklichen, war „das Rasieren des Bartes eine Sünde, die auch durch das Blut aller Märtyrer nicht abgewaschen werden kann."

Geschäftstüchtig: Neben den Abgaben für das Recht, zu heiraten oder einen Bart zu tragen, erhob Peter der Große auch Steuern auf Mühlen, Hüte, Keller und Särge.

An den Toren aller Städte und in den ländlichen Regionen wurden Steuereintreiber stationiert, die mit Scheren bewaffnet waren, um jedem den Schnäuzer oder Bart abzuschneiden, der sich weigerte, die Steuer zu zahlen. Wer dennoch Gesichtsbehaarung trug, wurde zu Zwangsarbeit verurteilt. Auch Peters Nachfolger fuhren fort, die Bärte der Russen zu besteuern und zu beschneiden, bis Katharina die Große das Gesetz 1765 außer Kraft setzte.

Benjamin Franklin

Nur ein Jahrhundert später betrachtete Benjamin Franklin es als einen Segen, daß er „sein Rasiermesser selber führen und sich selbst perfekt rasieren" könne. Franklin schätzte Barbiere ebenso wenig wie Bärte.

„Das Glück eines Menschen", schrieb er, „hängt weniger von glücklichen Zufällen ab, die nur selten eintreffen, sondern mehr von den kleinen Dingen des täglichen Lebens. Daher kann man zum Glück eines jungen Mannes mehr beitragen, indem man ihm beibringt, wie er sich selbst rasieren und sein Rasiermesser pflegen kann, als wenn man ihm tausend Guineen schenkt. Das Geld kann bald aufgebraucht sein und dann nur die Reue darüber zurücklassen, es so sinnlos verschwendet zu haben. Im anderen Fall entgeht er jedoch der Unannehmlichkeit, auf Barbiere mit ihren teils schmutzigen Fingern, schlechtem Atem und stumpfen Rasiermessern warten zu müssen. Er rasiert sich, wenn es ihm gelegen ist, und erfreut sich täglich der Wohltat einer mit einem gut gepflegten Instrument durchgeführten Rasur."

Beau Brummel

George Bryan „Beau" Brummel (1778–1840) war von Geburt her nicht mit Reichtümern gesegnet. Dennoch freundete er sich mit dem Prinzregenten, dem späteren Georg IV., an und wurde selbst der

anerkannte König des englischen Dandytums. Für seine stets tadellos gepflegte Erscheinung und sein elegantes Auftreten bekannt, rasierte sich Brummel angeblich mehrmals täglich und entfernte versprengte Haare mit einer Pinzette. Seinem Haupt ließ er nicht weniger Sorgfalt angedeihen. Von ihm, der seinen persönlichen Stil wie eine Waffe einsetzte, wird erzählt, er habe drei verschiedene Friseure beschäftigt: einen, der seine Stirnlocken legte, einen, der sich um seine Schläfenlocken kümmerte, und einen dritten, der die Haare seines Hinterkopfes pflegte. Brummel starb zwar in einer französischen Nervenheilanstalt, aber immerhin wurden ein Rasiermesser und eine Rasierklinge nach ihm benannt.

Arthur Schopenhauer

Der deutsche Philosoph Arthur Schopenhauer (1788–1860), der glaubte, die Welt, wie wir sie wahrnehmen, sei nur eine heimtückische Illusion, die uns dazu verleite, unser Leben falsch zu führen, war ein Verfechter asketischer und tugendhafter Lebensweise. Er war auch ein wortgewaltiger Anhänger des

Rasierens. „Man sehe sich nur das Profil eines bärtigen Mannes an, der ißt", schrieb er. Alle Männer sollten sich glatt rasieren. Bärte verdeckten das Gesicht und schützten die Verbrecher. Am besten sollte man sie durch das Gesetz verbieten.

Joseph Palmer

Geboren in Massachusetts im Jahre 1789, kämpfte Joseph Palmer 1812 im 2. Unabhängigkeitskrieg, wurde danach Farmer und ließ sich 1830, aus Gründen, die nur er selber kannte, einen Bart wachsen. Seine Farm war ein Erfolg. Sein Bart war es nicht. Straßenkinder warfen Steine nach ihm. Der Pastor seiner Kirche tadelte ihn und ächtete seinen Bart als ein Werk des Teufels.

Nachdem man seinen Bart zehn Jahre lang hatte erdulden müssen, fielen eines Tages mit Schere, Bürste, Seife und Rasierklinge bewaffnete Männer über ihn her. Palmer setzte sich erfolgreich zur Wehr, wurde dafür aber wegen „unprovozierten Angriffs" verurteilt. Da er sich weigerte, seine Strafe zu zahlen, kam er ins Gefängnis. Letztendlich wurde sein Schicksal im gesamten Staat bekannt, und durch die Bemühungen einer Sympathiebewegung wurde er aus dem Gefängnis entlassen. Seine Geschichte ist auf seinem Grabstein verewigt.

Amerikanische Präsidenten

In Europa gaben die Könige in der Bartmode den Ton an, die amerikanischen Präsidenten jedoch folgten den Modetrends ihrer Zeit. In der ersten Hälfte des 19. Jahrhunderts war der amerikanische Mann glattrasiert. Selbst Uncle Sam ließ sich erst 1858 einen Kinnbart stehen, kurz ehe sich die Mode änderte. Zwei Jahre später ließ Abraham Lincoln sich im Alter von 52 Jahren einen Bart wachsen, und bis auf seinen direkten Nachfolger, Andrew Johnson, gab es ganze dreißig Jahre lang keinen glattrasierten Präsidenten mehr.

Der ehemalige US-Präsident Ulysses S. Grant

Der US-Präsident mit dem längsten Bart, Rutherford B. Hayes

Der US-Präsident mit dem buschigsten Bart, Chester A. Arthur

Ulysses S. Grant hatte einen gut gepflegten Bart und das behaarteste Kabinett in der Geschichte der Vereinigten Staaten. Rutherford B. Hayes wies den längsten Bart unter den Präsidenten auf, während Chester A. Arthurs Backen- und Schnurrbart den ersten Preis für Buschigkeit verdient hätte. Grover Cleveland kam mit einem Schnäuzer ins Weiße Haus, wurde vom letzten bärtigen Präsidenten, Benjamin Harrison, abgelöst und kehrte für eine zweite Amtszeit mit unbeschädigtem Schnäuzer zurück. Zu dieser Zeit wurde die Gesundheitsbewegung immer stärker, und Männer wurden gebeten, ihre Bärte abzurasieren, um keine

Krankheitserreger mit nach Hause zu bringen. William McKinley rasierte sich, Theodor Roosevelt und William Howard Taft trugen Schnurrbart, und seitdem hat das Weiße Haus bis heute nur noch glatt rasierte Kinne und Oberlippen beheimatet.

Links: Theodore Roosevelt
Unten: Franklin D. Roosevelt

Abraham Lincoln

Im Oktober 1860 erhielt Abraham Lincoln von der kleinen Grace Bedell folgenden Brief darüber, daß er mehr Stimmen bei der Präsidentschaftswahl erhalten könne, wenn er sich einen Bart wachsen lasse:

„Geehrter Herr. Mein Vater ist gerade vom Markt wiedergekommen und hat ein Bild von Ihnen mitgebracht. Ich bin ein kleines Mädchen, nur elf Jahre alt, möchte aber sehr gerne, daß Sie Präsident der Vereinigten Staaten werden, und hoffe, Sie halten mich nicht für zu unverschämt, an einen so großen Mann wie Sie zu schreiben. Haben Sie eine kleine Tochter, die vielleicht so groß ist wie ich? Wenn ja, dann bitten Sie sie, mir zu schreiben, wenn Sie diesen Brief nicht beantworten können. Ich habe vier Brüder, und einige werden Sie sowieso wählen, doch wenn Sie sich einen Bart

wachsen lassen, will ich erreichen, daß die anderen auch für Sie stimmen, und dann werden Sie Präsident … Ich finde, der Rahmen paßt gut zu Ihrem Bild. Ich habe eine kleine Schwester, sie ist neun Wochen alt und unheimlich vorwitzig … "

Lincoln antwortete: „Meine liebe junge Dame. Ich habe Deinen sehr liebenswerten Brief am 15. erhalten. Es tut mir leid, Dir mitteilen zu müssen, daß ich keine Tochter habe. Ich habe drei Söhne – einer ist siebzehn, einer neun und einer sieben Jahre alt. Sie sind, gemeinsam mit meiner Frau, meine ganze Familie. Um auf den Bart zu sprechen zu kommen: Da ich mein Leben lang keinen Bart getragen habe, meinst Du nicht, die Leute würden es lächerlich finden, wenn ich jetzt damit anfinge? In aufrichtiger Verbundenheit, Dein etc."

Zwei Monate später kam Lincoln auf dem Weg zu seiner Amtseinführung in Washington mit dem Zug durch Westfield, wo die Familie Bedell wohnte. Nun stolzer Träger eines frisch gewachsenen Bartes, hielt Lincoln eine Rede für die Menschen, die zu seiner Begrüßung gekommen waren, und berichtete, welchen Anteil die kleine Grace an seinem Entschluß gehabt hatte, sich einen Bart wachsen zu lassen, um seine Erscheinung zu verbessern. Ob sie wohl in der Menge war? Er wollte sie gerne begrüßen. Ein Junge zeigte auf das Mädchen. „Unter stürmischen Jubelrufen der Menge" gab Lincoln Grace „mehrere herzliche Küsse" auf die Wange.

Benito Mussolini

Benito Mussolini (1883–1945) setzte, bevor er an die Macht gelangte, sein Verhältnis zu „Gillette" ideologisch um. Gegenüber Journalisten protzte er: „Bei jeder Rasur muß ich eine neue Klinge verwenden, denn es gibt kein Blatt, das mehr als eine Rasur meines Bartes übersteht." Aber er hatte auch politische Gründe für die tägliche Rasur. „Ich bin gegen Barthaare. Der Faschismus ist gegen Barthaare. Barthaare sind ein Zeichen der Dekadenz. Man sehe sich nur die Büsten der großen römischen Kaiser an und man wird feststellen, daß sie alle – Cäsar, Augustus – glatt rasiert waren. Erst als das römische Imperium dem Untergang entgegen ging, kamen Bärte in Mode. Das trifft auf alle Epochen zu. Die Renaissance war ein bartloses Zeitalter. Barthaare waren in dem alten, dekadenten Regime an der Tagesordnung, das der Faschismus durch Jugend und glatt rasierte Gesichter ersetzen wird."

Für junge thailändische Mönche bedeutet die Rasur des Kopfes die Aufgabe aller weltlichen Bindungen.

Religiöse Bräuche

Glaube geht vor Mode. Manchmal kann ein einzelner durch sein Vorbild – wie Beau Brummel – oder durch seine Macht – wie Peter der Große – die Art beeinflussen, wie Männer ihr Kinn gestalten. Oft bestimmt jedoch die Gesellschaft, wofür ein Bart oder ein bartloses Kinn stehen. In einigen Fällen erfordern auch spezielle Umstände – die Herkunft, Trauer oder Krieg – besondere Regeln. Und damit diese Regeln auch befolgt werden, sind sie in manchen Religionen festgeschrieben.

Bärtige Muslime

Der Islam gibt keine eindeutige Anweisung über Bärte oder das

Rasieren. Dennoch lassen viele Muslime ihre Bärte wachsen, weil dies nach der islamischen Lehre der menschlichen Natur entspricht.

Allahs Prophet Mohammed wies seine ersten Anhänger noch an, sich die Schnurrbärte zu rasieren und Kinnbärte wachsen zu lassen, damit sie sich von den persischen Feueranbetern unterschieden, die lange Schnurrbärte trugen. Für Muslime gilt der Bart auch als wichtiges Unterscheidungsmerkmal zwischen Männern und Frauen. Männer, die sich ihren Bart abrasieren, imitieren Frauen. Schlimmer noch sind jedoch Männer, die sich ihren Bart ihren Frauen zuliebe abnehmen. Sie sind ein Beweis dafür, wie weit sich die Welt von dem reinen Zustand, in dem Allah sie einst erschuf, entfernt hat.

Rechts: Gemälde von Carl Friedrich Heinrich Werner (1808-94)

Für die konservativen Muslime stellt die Rasur sogar eine unentschuldbare Form der Selbstverstümmelung dar. Dennoch gibt es auch im islamischen Leben Anlässe, zu denen sich alle Männer rasieren müssen. Während der Hadsch, bevor der Pilger den Heiligen Boden von Mekka betritt, muß er sich in einem rituellen Zustand der Reinheit befinden. Dazu gehört bei den Männern das Kürzen der Fingernägel, das Abrasieren von Bart und Schnurrbart sowie das Entfernen der gesamten Körperbehaarung. Während dieser Zeit der Reinheit (ihram) ist es dem Pilger

verboten, Parfums oder Zeichen persönlichen Reichtums zu tragen. Vor Beendigung der Wallfahrt dürfen weder Nägel noch Haare erneut geschnitten werden.

Schiva halten

Für den gläubigen Juden ist Unrasiertheit ein Zeichen von Trauer. Wenn ein Familienangehöriger gestorben ist, hält der engste Familienkreis sieben Tage lang Shiva. Die Trauernden sitzen anstatt auf Stühlen auf niedrigen Hockern oder dem Fußboden, verhängen alle Spiegel und tragen keine ledernen Schuhe. Sie vermeiden weltliche Aktivitäten – man darf sich nicht rasieren oder die Haare schneiden – und enthalten sich jeglicher Annehmlichkeiten und Freuden wie Baden, Sex, frischer Kleidung oder dem Studium der Thora, ausgenommen die Stellen, die sich mit Trauer und Schmerz beschäftigen.

Levitikus 19, 27: „Ihr sollt die Kanten eures Kopfes nicht abrunden, noch die Kanten eures Bartes verderben", ist eine wichtige Textstelle für orthodoxe Juden und Chassidim. „Verderben" wird verstanden als „mit einem Rasiermesser rasieren". Die Benutzung einer Schere oder eines elektrischen Rasierapparats, der nach dem Prinzip einer Schere arbeitet, ist jedoch erlaubt.

Ein absolutes Schneideverbot besteht für die Haare der Schläfen und Koteletten, die Peies. Sie dürfen zwar gestutzt, aber nicht vollkommen abgeschnitten werden.

Die Bärte der Amischen

Ein niederländischer Mennonit sagte nach seinen Beobachtungen zu Beginn des 18. Jahrhunderts über die Amisch: „Sie sind von Natur aus robuste Menschen, die große Entbehrungen ertragen können, mit langen, ungestutzten Bärten, einfacher Kleidung und schwerem Schuhwerk... Sie sind begierig darauf, Gott zu dienen, und ernst in allem, was sie tun."

Fast dreihundert Jahre später sind ihre dichten Bärte, ihre altmodischen Kleider und ihre Pferdewagen zum Zeichen ihres Glaubens geworden, der alles Weltliche ablehnt. Als sich Katholiken und Protestanten untereinander bekämpften, wurden die Amischen für ihre Überzeugung verfolgt, daß der wahre Glaube die Bibellektüre einschließe, sowie das Predigen gegenüber Interessierten wie nicht Interessierten. Solch eine wörtliche Auslegung war sowohl bei den Katholiken als auch den anderen protestantischen Gruppen im Europa nach der Reformation nicht gern gesehen. Der Enthusiasmus, mit dem sie zunächst ihre Ziele verfolgten, wurde durch Verhaftungen und Exekutionen gedämpft. Dann zogen sich die Amischen aus der Welt zurück, bewirteten zunächst kleine Bauernhöfe in den Bergen der Schweiz und Süddeutschland, und entsandten dann Siedlergruppen nach Pennsylvania und Ohio.

Die Sikhs

Wie bei den Amischen, so symbolisiert auch die Art und Weise, wie männliche Sikhs ihre Haare und Bärte tragen, ihre Zugehörigkeit zu einer Glaubensgemeinschaft. Die Anhänger des Gurus Gobind Singh (1666–1708) schlossen sich zu Khalsa (den Reinen) zusammen und übernahmen die fünf Merkmale der Zugehörigkeit, „die fünf K": *kes,* die lange Haartracht und den unrasierten Bart; *kangha,* den Kamm, der zur Säuberung der Haare benötigt wird, die normalerweise mit einem Turban bedeckt sind; *kach,* knielange Breecheshosen, wie sie früher von Soldaten getragen wurden; *kara,* stählerne

Armreifen, am rechten Arm getragen, sowie *kirpan,* einen Dolch.

Ungeschnittene Haare und ein unrasierter Bart sind auch heute noch ein fester Bestandteil des Selbstverständnisses der Sikhs. So war das schlimmste, was eine aufgebrachte Menschenmenge während der Auseinandersetzungen zwischen Sikhs und Hindus Anfang der 1980er Jahre im Bundesstaat Punjab einem aufgegriffenen Sikh antun konnte, ihm Haare und Bart abzuschneiden.

Die Marines

Die Loyalität gegenüber dem Korps ist bei den US-Marines so etwas wie eine Religion. Und wie Mitglieder einer religiösen Gemeinschaft, so wissen auch die Marines, was sie zu tun haben. Die schriftlich niedergelegten Regeln besagen:

„Es wird von keinem männlichen Marine verlangt, einen Bürstenhaarschnitt zu tragen, außer während seiner Rekrutenausbildung oder wenn es durch einen Truppenarzt angeordnet wird. Dies bedeutet jedoch nicht, daß es männlichen Marines verboten ist, einen Bürstenhaarschnitt zu tragen, wenn sie dies wünschen."

„Das Gesicht soll glatt rasiert sein, nur ein Schnurrbart darf getragen werden. Wenn ein Schnurrbart getragen wird, sollte er korrekt geschnitten sein ..., und die Länge des einzelnen Barthaars sollte eine Länge von 1,27 cm nicht überschreiten."

„Mit Ausnahme eines Schnurrbarts, den Augenbrauen und Wimpern ist Gesichtsbehaarung nur dann erlaubt, wenn ein Truppenarzt bescheinigt, daß das Rasieren zeitweilig eine Belastung für die Gesundheit des Einzelnen darstellt."

„Von keinem männlichen Marine wird verlangt, seine Brusthaare zu schneiden, außer denen, die so lang sind, daß sie in unansehnlicher Weise über den Kragen des Uniformhemdes herausragen."

Persönliche Noten

Ein Mann, der achtzig Jahre alt wird, verbringt rund 2965 Stunden seines Lebens – etwa vier Monate – damit, sich zu rasieren. Übt er dieses Ritual schon ein paar Jahre aus, muß er kaum noch darüber nachdenken, was er tut. Er könnte sich im Schlaf rasieren – und an manchem Morgen tut er das ja auch. Was geht ihm also durch den Kopf, während er die nächtliche Bartstoppelproduktion planmäßig vernichtet?

Lord Byron, so wird gesagt, habe Gedichte verfaßt, während er rasiert wurde. Andere denken an den bevorstehenden Streß im Büro, den unvermeidlichen Besuch bei den Schwiegereltern oder an die Frau des Chefs. Was ist aber mit den Männern, die sich im Fitnesstudio rasieren? Was tut sich hinter ihrer in Falten gelegten Stirn – sofern sich dort überhaupt etwas tut? (Aber das ist eine andere Geschichte!) Oder wie ist es bei Ihrem Zwillingsbruder? Hat er beim Rasieren dieselben Gedanken wie Sie? Was, Sie haben keinen Zwillingsbruder? Worüber denken Sie also nach, wenn Sie sich rasieren?

Eine Umfrage unter rein zufällig ausgewählten, erfahrenen Rasierern brachte die folgenden Antworten zutage.

Der Professor

„Bis auf die Feinarbeiten erledige ich den Großteil meiner Rasur unter der Dusche. Dort habe ich die besten Einfälle, denke über die Forschung und die Welt nach, bereite Vorlesungen vor, gehe die Laboraufgaben des Tages durch, erfinde

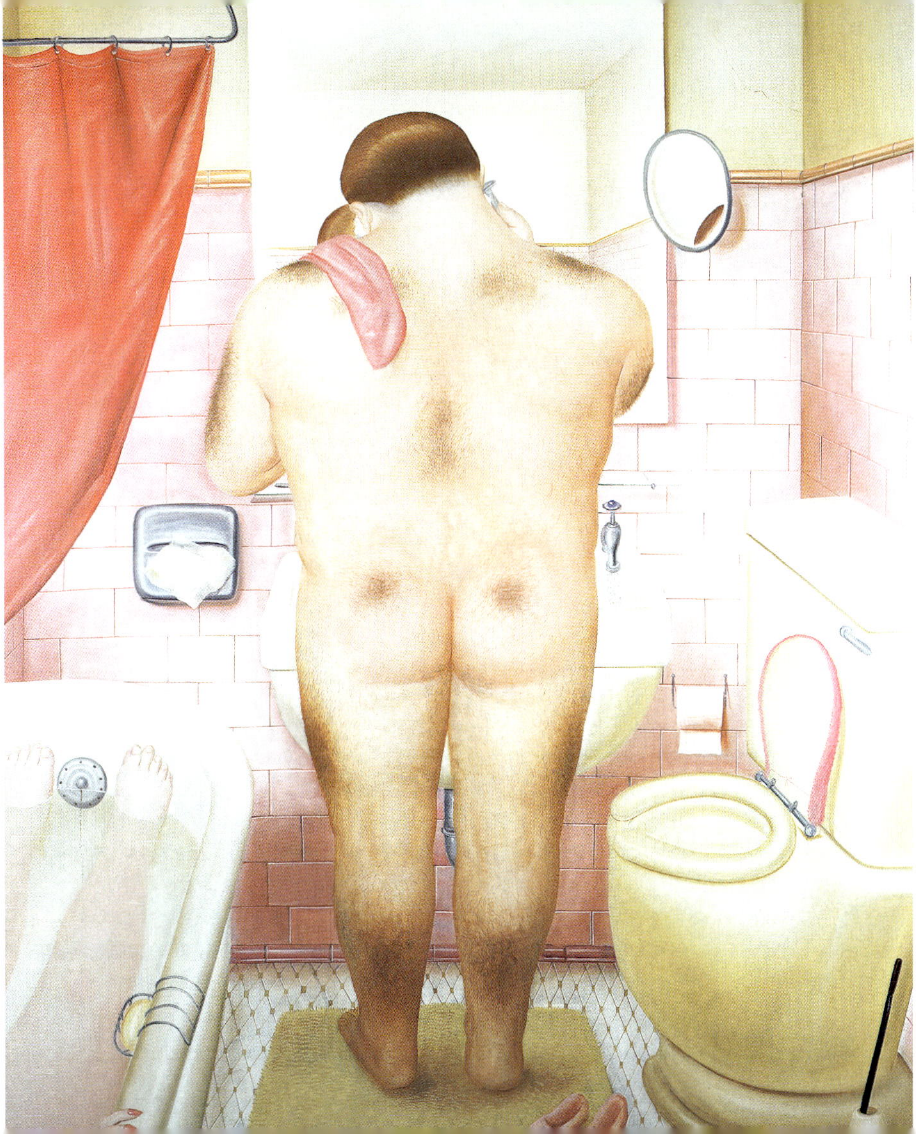

Schüttelreime und komme so langsam auf Touren."

Der zerrissene Pessimist

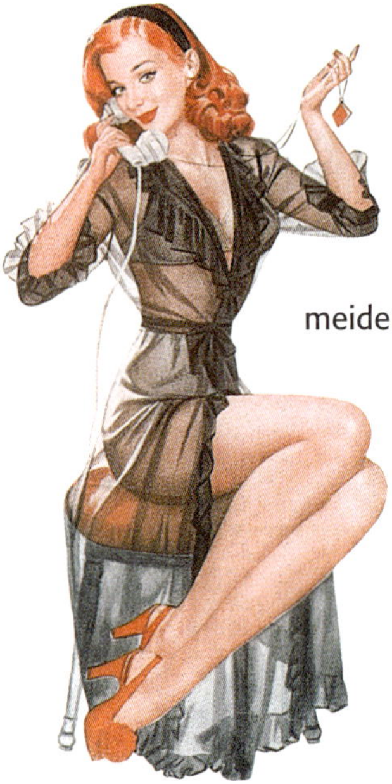

„Zuerst einmal rasiere ich mich überhaupt nur, wenn es sich absolut nicht vermeiden läßt, da ich es zutiefst verabscheue. Wenn ich nicht wie ein Obdachloser mit einer scheußlichen Hautkrankheit aussehen würde, würde ich meinen Bart wachsen lassen. Aber sei es drum, aufgrund einiger Narben im Gesicht, die von verschiedenen männlichen Initiationsriten herrühren (z. B. einem Schlag auf das Kinn mit einem Hockeyschläger), besitzt mein Gesicht mehrere Zonen, auf denen gar keine Haare mehr wachsen.

Schon vor Jahren habe ich festgestellt, daß mir das Rasieren Gelegenheit gibt, mich für zehn Minuten zum kompletten Neurotiker zu machen. So nutze ich die Zeit und rede mir ein, daß ich einen phantastischen Tag haben und sehr erfolgreich sein werde – da ich beim Gedanken an die Alternativen immer schon mit den Nerven am Ende bin, noch bevor ich mich überhaupt auf den Weg gemacht habe. Das klingt vielleicht ein wenig überspannt, aber es funktioniert ganz ausgezeichnet. Und ganz bestimmt ist es eine Entwicklung der 1990er!"

Der anspruchsvolle Träumer

„Manchmal rasiere ich mich sogar zweimal. Zuerst benutze ich zehn Minuten lang einen Elektrorasierer. Dann, wenn ich wirklich glattrasiert sein möchte, nehme ich die Flasche Rasierschaum und den Rasierer und rasiere mich noch einmal naß.

Aus irgendeinem mir unerklärlichen Grund kommen mir immer wieder romantische Erinnerungen, während ich so in den Spiegel starre. Wenn ich den Rasierer über mein Kinn in regelmäßigen Bahnen nach oben führe, denke ich beispielsweise an Frau X oder Y. Ich denke gar nicht mal an Sex, nur an die Person.

Vielleicht gibt es ja, ähnlich wie in der Akupunktur, im Gesicht empfindliche Nervenbahnen, die einen heißen Draht zu den Gedächtniszellen des Gehirns besitzen."

Der weltoffene Buddhist

„Wenn ich mein Gesicht mit Wasser befeuchte, fange ich an, tibetanische Mantren zu summen. Während ich mich kurz mit Seife einschäume, rezitiere ich eine meiner liebsten kurzen Sutren und halte inne, um gen Himmel zu schauen und sowohl Shiva als auch Allah für ihre Segnungen zu danken. Während der eigentlichen Rasur halte ich den Atem an und atme am Ende einmal heftig aus. Wenn ich den Rasierer auswasche, danke ich dafür, daß ich bereits jünger aussehe als zu dem Zeitpunkt, als ich aufgewacht bin."

Der Bürohengst

„Für mich ist dies die produktivste Zeit des Tages. Dann fallen mir immer die wichtigen Dinge ein, die ich am Tag zu erledigen habe, beispielsweise, daß ich einen Vertrag unterzeichnen, mir die Fußnägel schneiden und meinen Joggingplan für das Wochenende ausarbeiten muß; oder einem ungeliebten Kollegen eine anonyme E-Mail mit einigen dreckigen Schimpfwörtern zukommen lassen sollte. Oft fliegen mir die Ausdrücke für ein solches Memo im Dunst der feuchten Badezimmerluft nur so zu, und so kann ich mich dann wieder getrost auf die wirklich wichtigen Dinge des Lebens konzentrieren, wie meine Körperhygiene oder die nächste Gehaltserhöhung."

Der Mann von nebenan

„Wenn ich mich rasiere, tue ich gar nichts. Mir gehen nur die üblichen trivialen Dinge durch den Kopf, die einem fast immer im Gehirn rumspuken. Wie wird Schalke 04 spielen? Wird die Klinge etwa schon stumpf? Hat Uschi mir das Hemd frisch gebügelt? etc.

Der Blutspritzer

„Manchmal sehe ich in den Spiegel, sehe deutliche Zeichen des Alters (Mein Gott, ich bin wirklich keine fünfundzwanzig mehr!). Und ich frage mich, wie ich es überhaupt geschafft habe, vierzig zu werden, so schlecht wie ich von meinem Vater oder wem auch immer auf die Kunst des Rasierens vorbereitet worden bin.

Bin ich allein überhaupt lebensfähig? Wenn dazu zählt, daß ich die Produktion meiner weißen Blutkörperchen anrege, indem ich mich beim Rasieren schneide, so daß mein Immunsystem gestärkt wird, dann ja. An einem guten Tag verspritze ich beim Rasieren weniger als einen halben Liter Blut."

PLAIN

Wie man sich rasiert

*„Wenn man sich vor Augen führt,
wie viele verschiedene Töne die Luftröhre
aus einer sehr kleinen Öffnung
hervorzubringen in der Lage ist, wird deutlich,
welche große Vielfalt an Variationen
bei der Verwendung eines Rasierers möglich ist".*

James Boswell, *Life of Samuel Johnson*

Jeder Mann rasiert sich anders. Und auch wenn die individuellen Techniken variieren, so teilen doch alle Rasierenden ein gemeinsames Ziel, das – ähnlich wie Murphy's Gesetz und die Regeln der Schwerkraft – universelle Gültigkeit besitzt: eine saubere Rasur, eine glatte Rasur, eine Rasur, die keine Schmerzen und keine peinlichen Resultate verursacht. Die Art, wie ein Mann sich rasiert, kann durch Stimmungen, Temperament und Ereignisse beeinflußt werden, aber es gibt einige einfache Grundregeln für eine perfekte Rasur.

Links: Eine perfektionierte Technik, aber auch die von Kind an positive Einstellung zum Rasierer lassen Männer immer gut rasiert sein.

Die perfekte Naßrasur

1. Weichen Sie Ihren Bart mit Wasser ein. Gehen Sie schwimmen. Duschen Sie fünf Minuten. Tauchen Sie einen Waschlappen in warmes Wasser und legen Sie ihn sich auf das Gesicht. Erledigen Sie jetzt etwas anderes und wiederholen Sie dann die Prozedur. Der Sinn besteht darin, die Haare leicht aufquellen zu lassen; sie lassen sich dann leichter abschneiden und die Rasierklinge hält länger.

Bei kräftigem Haar oder empfindlicher Haut ist die Dusche der perfekte Ort, sich zu rasieren – zumindest wenn Sie einen nicht beschlagenden Spiegel besitzen.

2. Wenn Ihre Barthaare sehr weich sind und die Klinge sehr scharf ist, genügt heißes Wasser zum Rasieren. Rasierschaum oder Gel hält den Bart feucht und läßt den Rasierer leichter über die Haut gleiten, ohne einzuschneiden. Dasselbe bewirkt übrigens auch die gute alte Seife, sie ist aber nicht so wirkungsvoll.

3. Nach aller Erfahrung zeitigen lange, glatte Bahnen bessere Resultate als kurze, hektische. Das gleiche gilt für das Rasieren mit dem Strich. Jeder Mann muß selbst herausfinden, welche Methode für ihn am geeignetsten ist, aber es gibt ein paar Grundregeln. So sollten Sie den Rasierer regelmäßig ausspülen, damit er sich nicht mit Schaum und Stoppeln zusetzt, und alle acht bis zehn Tage ist eine neue, scharfe Klinge einzusetzen.

Idealerweise sollte jede Hautstelle nur einmal rasiert werden müssen, aber es ist recht wahrscheinlich, daß Sie die eine oder andere Stelle übersehen. Solange die Haut nicht gerissen oder chronisch empfindlich ist, schadet es nicht, diese Stellen ein zweites Mal in einem anderen Winkel zu rasieren. Die meisten Bärte sind auf der Oberlippe und am Kinn am dichtesten; heben Sie sich diese Bereiche für zuletzt auf.

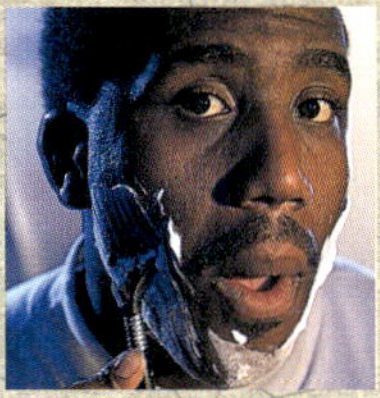

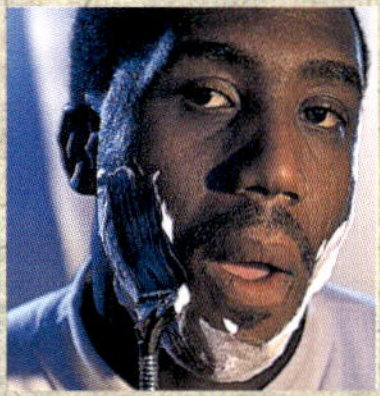

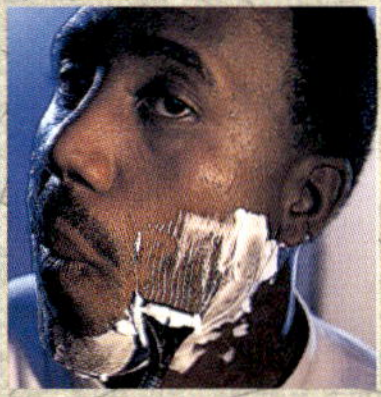

4. Wenn Sie die Rasur beendet haben, spülen Sie die Haut mit kaltem Wasser, tupfen sie trocken und tragen ein mildes Aftershave auf. Ebenso wie vor einer Rasur mit zu heißem Wasser oder zu großer Gründlichkeit, warnen Experten auch vor alkoholhaltigen Produkten. Sie tun Ihrem Gesicht keinen Gefallen, wenn es brennt. Schließlich haben Sie gerade eine dünne Schicht Ihrer Epidermis abgetragen, und ein Aftershave, das brennt, erinnert Sie auf ganz „natürliche" Weise daran, daß die Schicht nicht dünn genug war. Nach der Belastung durch das Messer wollen Sie Ihre Haut schließlich beruhigen – und nicht auch noch bestrafen.

Für Widerspenstige

Die 1924 vom New Yorker Erfinder Peter N. Peters patentierte Rasiermethode mag für diejenigen unter Ihnen interessant sein, die gerne die Regeln brechen – und die auch sonst nicht gerade zimperlich im Einstecken sind:

Mr. Peters empfiehlt das Waschen, Einseifen und Abspülen des Gesichts mit kaltem Wasser, aber das Rasieren mit einer heißen Klinge – so heiß wie eben noch erträglich. Statt langer, sauberer Bahnen mit dem Messer sind kurze schnelle Hiebe zu bevorzugen. Seine Begründung: Heißes Wasser und Seife machen die Haut schlaff und die Haare weich, so daß sie nicht ordentlich vom Messer abgeschnitten werden können.

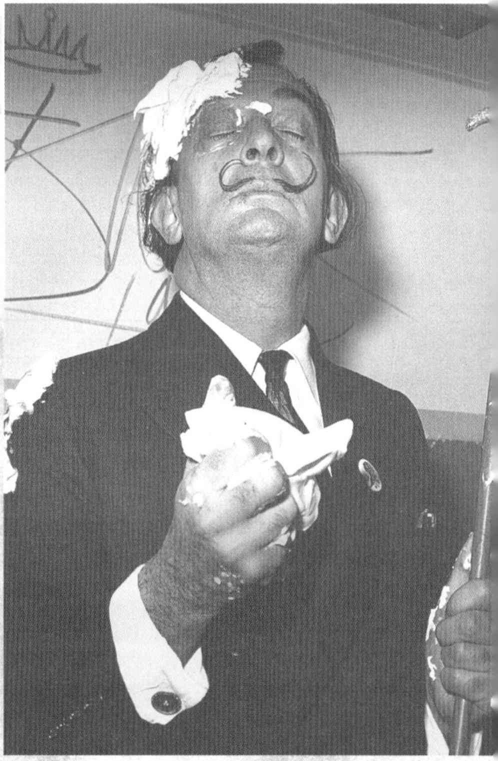

Rasieren mit dem Elektrorasierer

Elektrorasierer besitzen entweder runde, hinter einem feinen Gitter rotierende Scherköpfe oder flache Scherblätter, die hinter einer Platte hin- und herfahren. Scherblätter müssen relativ häufig ausgetauscht werden, während runde Scherköpfe Jahre halten können. Beide Grundtypen sind meist einstellbar, so daß man die Gründlichkeit der Rasur regulieren kann.

Das Rasieren mit einem elektrischen Rasierapparat hat seine Vorteile. Das Gesicht bleibt trocken, man kann sich rasieren, wo man will, und wenn man nicht allzu ungestüm zur Sache geht, sind auch keine Hautirritationen zu erwarten.

Und die Nachteile? Elektrorasierer sind teurer, und trotz aller Versprechungen der Werbung läßt sich bei einem kräftigen Bartwuchs niemals eine so glatte Rasur erzielen wie mit einem Naßrasierer.

Einige nützliche Tips:

- Rasieren Sie gegen den Strich des Barts und drücken Sie nicht zu fest auf. Wenn der Rasierer heiß wird – damit ist nach wenigen Minuten zu rechnen – und Sie empfindliche Haut haben, rasieren Sie zuerst die empfindlichen Bereiche, bevor sich der Apparat übermäßig erwärmen kann.

- Benutzen Sie bei fettiger Haut eine Rasierlotion, die die Oberflächenfeuchtigkeit trocknet und die Haare zum Schneiden vorbereitet. Trockenes und damit spröderes Haar beugt sich der Scherwirkung eines Elektrorasierers immer leichter als feuchtes Haar.

In den USA konnten in der 50er Jahren Reisende an Münzautomaten ihren „Nachmittagsschatten" loswerden.

Pflege des Elektrorasierers

Halten Sie den Rasierer sauber. Bei geraden Scherblättern läßt sich der Kopf des Apparates in der Regel auseinandernehmen, so daß die Stoppeln mit der meist mitgelieferten Bürste aus dem Mechanismus entfernt werden können.

Gleiches gilt für die runden Scherköpfe. Bürsten Sie einmal pro Woche die Haare aus den Scherblattschlitzen. Nehmen Sie dann die ganze Schergruppe ab und reinigen die Unterseite der Scherblätter und die Kammer. Klopfen Sie die Köpfe nicht auf dem Waschbeckenrand aus, sie können dadurch beschädigt werden.

Wenn Sie einen neuen Apparat in Betrieb nehmen oder von Naß-

auf Trockenrasur umstellen, geben Sie Ihrer Haut Zeit, sich umzugewöhnen. Es kann zwei oder drei Wochen dauern, bis der Elektrorasierer in Ihrer Hand sein optimales Ergebnis erzielt.

Weitere Regeln

Wenn Sie empfindliche Haut haben, rasieren Sie zunächst mit einem Elektrorasierer vor. Verwenden Sie dann einen Naßrasierer, um mit leichter Hand jene Gründlichkeit zu erreichen, die das elektrische Gerät nicht bieten kann. Da die Reizung zum Teil durch die Reibung des Rasierers verursacht wird, arbeiten Sie mit so wenigen Bahnen wie möglich. Gönnen Sie Ihrem Gesicht über das Wochenende eine Pause vom Rasieren; auch das hilft.

Wenn Ihre Haut sehr spröde ist oder Sie sich leicht schneiden, verwenden Sie eine alkoholfreie, unparfümierte Aftershave-Lotion. Eine über Nacht aufgetragene Feuchtigkeitscreme erleichtert die Rasur am nächsten Morgen.

Rasieren Sie sich nicht unmittelbar nach dem Aufstehen. Durch das Liegen haben sich die Körperflüssigkeiten gesammelt und die Hautoberfläche Ihres Gesichts ein wenig aufquellen lassen. Warten Sie etwas, bis die Schwellung abgeklungen ist. In einer perfekten Welt würden wir uns abends rasieren, wenn die

Stoppeln

Auch der (gestylte) Naturbursche von nebenan, der sich über Wochen und Monate nur mit einem Drei-Tage-Bart zeigt, bringt diesen nicht mit einem simplen Elektrorasierer zustande. Er nimmt einen Langhaarschneider in der niedrigsten Einstellung. Ein Stoppelbart erzielt im Gesicht eines Mannes die gleiche Wirkung wie Konturmakeup bei einer Frau: Er erzeugt Schatten und Kontraste, die einem glattrasierten Gesicht fehlen.

Ein Stoppelbart läßt Sie aussehen, als seien Sie gerade dem Bett entstiegen – was entweder als irgendwie sexy, oder aber als irgendwie desorientiert aufgenommen werden kann. Welche Botschaft Sie auch immer vermitteln wollen, verderben Sie sie nicht durch überkorrekt rasierte Kanten. Die Botschaft des Stoppelbarts lautet: Ich bin cooler als die anderen und habe bessere Dinge zu tun als mich zu rasieren. Also tun Sie sie und lassen Sie die Kanten in Ruhe!

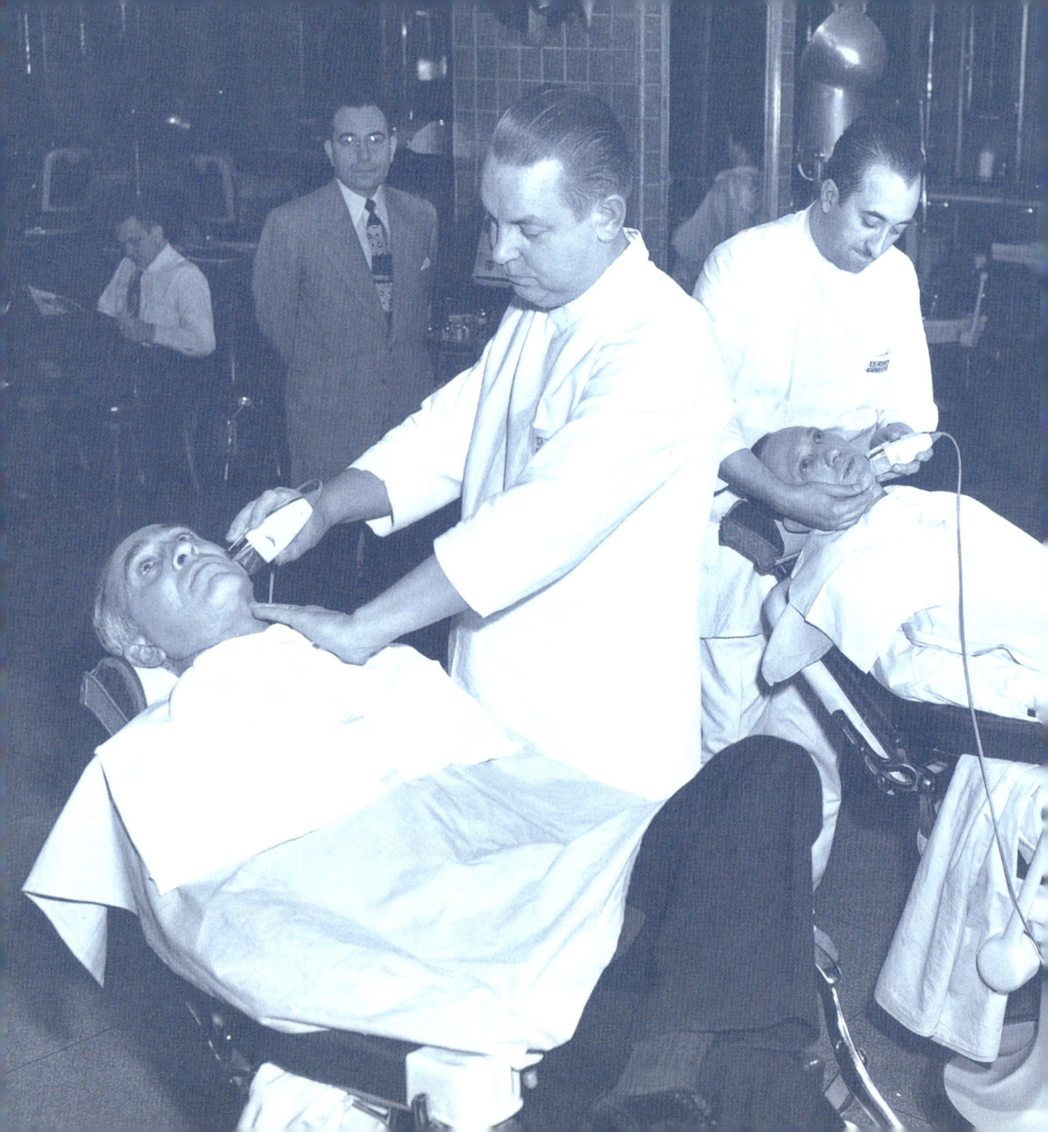

Oben: Zur Zeit der industriellen Revolution ersann ein Karikaturist das „Dampf-Rasier-Geschäft", in dem die Barbiere durch Rasiermaschinen ersetzt waren.

Links: Im trockenen Sommer 1949 bat die Stadt New York ihre Bürger, am Freitag auf Bad und Naßrasur zu verzichten. Die Friseure kooperierten.

Gesichtshaut fettiger und ihr Besitzer weniger gehetzt ist.

Generell sollten Sie sich dann rasieren, wenn Ihre Haut am wenigsten zu Irritationen neigt. Rasieren Sie sich im Sommer abends – besonders nach einem „anstrengenden" Urlaubstag: Sonnenmilch kann frisch rasierte Haut ebenso reizen wie das Chlor im Schwimmbecken und das Salz im Meerwasser. Rasieren Sie sich nicht kurz vor dem Sport; Schweiß ist sehr alkalisch und kann trokkene Haut noch trockener machen. Abgesehen davon werden Sie nach der anschließenden Dusche eine glattere Rasur erzielen.

Wenn schon allein die Erwähnung von Hautpflegemitteln ihren Testosteronspiegel in den Keller treibt, können Sie sich in der Drogerie auch ein Fläschchen Zaubernußtinktur (Hamamelis) besorgen. Sie enthält 14% Alkohol, wirkt angenehm adstringierend und hilft auch bei Mückenstichen.

Eingewachsene Barthaare

Gründliche Vorbereitung, ein guter Rasierer und ein vernünftiges Maß an Hautpflege reichen in den meisten Fällen für eine befriedigende Rasur aus. Allerdings haben Männer mit krausen Barthaaren es schwerer. Bei ihnen kann es früher oder später zu eingewachsenen Barthaaren *(Pseudofolliculitis barbae* oder PFB) kommen. Dieses Problem tritt besonders häufig bei Afroamerikanern und Südeuropäern auf.

Zu PFB kommt es, wenn sich ein frischrasiertes Haar einrollt und durch die Haut stößt. Der Körper betrachtet das Haar als Eindringling, es kommt zu einer Infektion. Die entstehende Schwellung wird bei jeder Rasur eingeschnitten, und die Entzündung verschlimmert sich.

Es gibt zwar keine Heilung, aber einige Hilfsmittel. Die einfachste Lösung besteht darin, sich einen Bart stehen zu lassen. Sprechen persönliche Vorlieben oder „berufliche" Gründe dagegen, kann auch ein Elektrorasierer helfen, der speziell für diese Problematik entworfen wurde.

Bevorzugt ein zu PFB neigender Mann trotzdem eine Naßrasur, läßt sich immer noch das eine oder andere tun, um dem lästigen Einwachsen von Barthaaren vorzubeugen:

- Verwenden Sie eine Peeling-Creme. Massieren Sie sie entweder mit einer sauberen, weichen Zahnbürste oder mit einer festen Kosmetikbürste mit kleinen, kreisförmigen Bewegungen in den Bartbereich ein. Dadurch werden die Barthaare aufgerichtet, in die falsche Richtung wachsende Haare aus der Haut gezogen und gleichzeitig abgestorbene Hautzellen entfernt. Besser noch ist die vorausschauende Verwendung einer Feuchtigkeitscreme mit Fruchtsäure. Sie zeitigt auf sanftere Weise die gleiche Wirkung.
- Tauchen Sie den Rasierer vor der Rasur in Alkohol.
- Rasieren Sie mit dem Strich.
- Haben Sie bereits über ein eingewachsenes Haar rasiert, das sich entzündet, verwenden Sie ein antibakterielles Mittel wie Salicylsäure. Sobald die Infektion abgeklungen ist, sollte sich das Haar von selbst aus der Haut lösen. Rasieren Sie diese Stelle so lange nicht, bis die Haut abgeheilt ist.
- Verwenden Sie eine transparente Rasiercreme; damit sehen Sie empfindliche Bereiche und können einer Neuinfektion vorbeugen.
- Wenn Sie nicht unbedingt glattrasiert sein müssen, drücken Sie nicht so fest auf die Klinge. Lassen Sie ein wenig Fundament stehen. Oder rasieren Sie sich nachts. Ihr Gesicht hat dann acht Stunden Gelegenheit, sich von der Behandlung zu erholen.
- Wenn das Rasieren weiterhin Probleme bereitet, versuchen Sie es mit einer Enthaarungscreme. Seien Sie aber vorsichtig: einige Cremes können empfindliche Haut reizen.
- Wenn nichts davon funktioniert, denken Sie noch einmal über einen Bart nach.

Wie man sich einen Bart stehen läßt

Es ist leichter, einmal im Jahr ein Kind zu bekommen, als sich jeden Tag rasieren zu müssen.

Altes russisches Sprichwort

Ist das Rasieren für Sie eine regelrechte Zumutung? Stimmt Sie die Erwartung Ihrer morgendlichen Stoppeln schon am Abend zuvor mißmutig? Oder vielleicht sind es ja weniger die Stoppeln als das Kinn darunter, das Sie nicht mögen: zu kantig, zu unscheinbar, zu viele Grübchen, zu glatt. Was auch immer es sein mag, Sie wollen eine Veränderung. Oder vielleicht sind Sie auch nur neugierig, wie Sie mit einem Bart aussehen.

Dann beginnt für Sie jetzt die wochenlange Phase des Nachdenkens. Für und Wider müssen sorgfältig gegeneinander abgewogen werden. Wenn Sie sich einen Bart stehen lassen, können Sie bei Ihren Mitmenschen einen völlig neuen Eindruck hinterlassen. Doch welchen? Ein Vollbart könnte Ihre kleine Patentochter erschrecken oder den Hund beunruhigen. Ihre Eltern könnten gegen einen Schnurrbart sein. Ihre Freundin, Ihr Freund oder Ihre Frau – natürlich auch alle drei – könnten sich abgestoßen zeigen.

Nun, das kann so sein – möglicherweise aber auch nicht. Das

werden Sie erst wissen, wenn Sie es ausprobiert haben. Abgesehen davon ist es *Ihr* Gesicht, und Sie wären nicht der erste Mann in der Geschichte, der sich mit einem Bart im Gesicht lächerlich macht.

Anders als bei anderen Experimenten im Rahmen der Selbsterfahrung ist ein Bart nichts für die Ewigkeit, wie etwa das Stacheldraht-Tattoo um Ihren Bizeps, das mit dreiundzwanzig so sexy wirkte. Ein Bart verändert Ihr Aussehen, erlaubt Ihnen aber auch jederzeit, Ihre Meinung wieder zu ändern.

Natürlich laufen jede Menge traurige Exemplare von Bärten herum – furchteinflößende, klägliche oder wie angeklebt wirkende Bärte, Bärte, die weniger nach einer bewußten Entscheidung aussehen, vielmehr einen Zustand anhaltender Geistesabwesenheit widerspiegeln. Aber lassen Sie sich nicht durch Fehlentscheidungen anderer Leute von einem eigenen Bart abhalten!

Wenn Sie sich schließlich für diesen ältesten Manneschmuck entschieden haben, sollten Sie noch die nachfolgenden Punkte – in Ihrem eigenen Interesse – beherzigen:

1. Ein Wochenende reicht für einen vernünftigen Anfang nicht aus. Nehmen Sie sich am besten zwei Wochen oder gleich einen ganzen Monat Urlaub. Auf diese Weise ersparen Sie sich nervtötende Kommentare und dumme Bemerkungen Ihrer Kollegen!

2. Geduld ist eine Tugend, und an Ihrem neuen Bart können Sie sie üben. Finden Sie heraus, was schneller wächst. Rasieren Sie sich einen Monat lang gar nicht. Stutzen Sie den Bart auch nicht.

3. Die Formgebung eines Barts ist eine Kombination aus Formschnitt von Zierbäumen und dem Trimmen der Rasenkanten. Lassen Sie sich anfangs von einem Friseur helfen, die „Halslinie" zu definieren, die Stelle, wo der Bart endet und ab der Sie sich rasieren müssen. Er gibt auch Tips zum richtigen Stutzen.

4. Wenn sich abzeichnet, daß Sie den Bart eine Weile behalten wollen, schaffen Sie sich eine Schere oder einen elektrischen Langhaarschneider an. Möchten Sie Geld sparen und sind sich noch nicht sicher, ob der Bart bleibt, können Sie ihn mit einem dünnen Kamm und einer Haarschere trimmen. Ziehen Sie den Kamm bis zur gewünschten Längenposition durch den Bart und schneiden Sie dann an ihm entlang die zwischen den Zinken hervorstehenden Haare ab.

5. Solange Ihr Bart nicht so hoch auf der Wange beginnt, daß sie verdächtig nach einem Primaten aussehen, sollten Sie diesen Bereich in Ruhe lassen. Vereinzelte Haare können Sie mit einer Nagelschere oder einer Pinzette entfernen.

6. Waschen Sie den Bart beim Haarewaschen gleich mit – verwenden Sie aber ein Shampoo, das dem Haartyp Ihres Barts entspricht (muß nicht derselbe sein wie der Ihrer Haare). Massieren Sie nach dem Trockentupfen eine Feuchtigkeitscreme in die Gesichtshaut ein. Unter Umständen juckt Ihr Bart beim Wachsen. Tägliches Shamponieren und die Zeit sollten hier Abhilfe schaffen.

Doch ein Irrtum?

Über das Abrasieren des Bartes:

Das lange Haar die Schere kappt,
den schäb'gen Rest biet ich dem Messer dar
und schwachgesichtig, großbeäugt der Blick sich labt
an dem vergess'nen Kind, daß ich einst war.
John Updike

Nach vier bis sechs Wochen sollten Sie wissen, ob Ihr Experiment von Erfolg gekrönt war oder nicht. Bei einem Mißerfolg nehmen Sie den Bart einfach ab! Kürzen Sie ihn mit der Schere so weit wie möglich. Weichen Sie Ihr Gesicht dann gründlich ein. Bei starkem Bartwuchs sollten Sie eine

Bart ist nicht gleich Bart

Nach einem Monat werden Sie wissen, wo Ihr Bart dichter wächst und wo dünner. Sie werden auch wissen, ob er die gleiche Farbe hat wie Ihre Haare. Und Sie werden sich Gedanken darüber machen müssen, welcher Bartstil zu Ihrer Kopfform paßt. Da ein Bart die untere Hälfte des Gesichts bedeckt, lenkt er die Aufmerksamkeit auf die obere Hälfte, insbesondere die Augen. Einem langen, schmalen Gesicht kann ein kurzer, breiter Bart Fülle verleihen. Ein abgerundeter Bart mildert Kanten und verkürzt ein langes Kinn. Bei einem leicht fliehenden Kinn kann ein eckiger Bart helfen.

Ein Bart gleicht auch einen zurückweichenden Haaransatz aus. Selbst ein dichter Schnurrbart bietet ein gutes Gegengewicht zu einer hohen Stirn. Wenn Sie aber vollständig kahl sind oder ein kreisrundes Gesicht besitzen, wird der Bart die Aufmerksamkeit noch stärker darauf lenken. Denken Sie daran: Nur weil es bei dem Typen in der Kneipe oder im Fernsehen gut ausgesehen hat, muß es bei Ihnen längst nicht genauso sein. Bart ist eben nicht gleich Bart.

Herr Adam

Herr Carl

Herr Braun

Herr Insterburg

Herr Otto

Herr Quaak

Herr Unart

Herr Vincelli

Herr Wild

Herr Munckwitz

Herr Hase

Herr Ellmann

Preshave-Lotion verwenden. Legen Sie eine neue Klinge in den Rasierer ein, tragen Sie Rasiercreme auf und legen Sie los. Wenn der erste Durchgang nicht genügt, waschen und rasieren Sie sich solange, bis Sie auch den letzten Stoppeln den Garaus gemacht haben.

Ein anderes Gesicht

Sich einen Bart stehen zu lassen, ist eine Methode, mit der ein Mann sein Aussehen verändern kann. Den Bart abzunehmen, ist eine andere. Der amerikanische Schriftsteller Henry James (1843–1916) trug fast sechzig Jahre einen Bart. In einem Brief an seinen Bruder berichtet er von einer völlig neuen Erfahrung:

Lieber William,

… Ich habe nicht Neues zu berichten, außer, daß ich mir heute den Bart abrasiert habe, weil ich die zunehmend grauen Haare nicht mehr ertragen habe: Er fing vor drei Monaten plötzlich an, weiß zu werden und ich habe nicht nur alt ausgesehen, sondern mich auch so gefühlt. Jetzt fühle ich mich wie vierzig und sauber und unbeschwert …

Für immer Dein

Henry

Wie man sich den Kopf rasiert

Sich einen Bart wachsen zu lassen, erfordert Geduld, Hoffnung und eisernes Stehvermögen gegenüber dem Spott von Kollegen und Freunden. Labile Gemüter haben es bei übermächtig werdendem Druck einfach: Gefällt ihnen ihr Bart nicht, können sie binnen zehn Minuten ihren Fehler rückgängig machen.

Etwas anders verhält sich die Lage bei einem frischrasierten Kopf: Sagt Ihnen der Anblick Ihres kahlen Schädels weniger zu als erwartet, sind die Möglichkeiten, Ihr kleines Versehen wirksam zu kaschieren, vergleichsweise begrenzt. Werfen Sie sich eine Decke über, tragen Sie einen Hut oder machen Sie einen großen Bogen um den Badezimmerspiegel und alle Leute, die Sie kennen.

Ein glattrasierter Kopf ist aber nicht nur ein Blickfang, sondern auch praktisch. Sie ersparen sich zum Beispiel falsche Mitleidsbekundungen zu ihrem zurückweichenden Haaransatz. Kein indischer Kellner wird Sie mehr fragen müssen, ob das Curry auch scharf genug ist. Und Ihre individuellen Merkmale treten vorteilhafter zu Tage: kräftige Augenbrauen, Grübchen, ein schelmisches Lächeln, Schlafzimmeraugen. Dasselbe gilt allerdings auch für unregelmäßige Höcker am Hinterkopf, Segelohren und einen Spitzkopf.

Ein Kahlkopf hat etwas sehr Entschiedenes und Unzweideutiges. Barttrachten und Frisuren haben blöde Namen wie Zickenbart oder Pagenschnitt. Kahl heißt einfach nur … nun ja, kahl eben.

Rechts: Schon bevor er die Stimme von Darth Vader wurde, war James Earl Jones cool – und kahl!

Freiwillig „oben ohne"

1. Wenn Sie volles Haar besitzen, lassen Sie sich am besten zunächst beim Friseur einen Stoppelhaarschnitt verpassen, der so kurz ist, daß Sie den Rest mit einem Naß- oder Trokkenrasierer entfernen können. Wenn Sie eher auf Heimarbeit stehen, können Sie eine manuelle oder elektrische Haarschneidemaschine verwenden. Die manuelle Version funktioniert bei trockenem Haar besser als bei nassem: Die feuchte Kopfhaut erzeugt einen Reibungswiderstand, und das kann zu Verletzungen führen.

2. Ist das Haar erst einmal ab, stehen Ihnen mehrere Möglichkeiten offen, diesen Zustand zu erhalten. Ein Elektrorasierer ist schnell, problemlos und reizt die Kopfhaut bei regelmäßiger Anwendung weniger als eine Haarschneidemaschine. Darüber hinaus ist die Rasur glatter, muß aber täglich wiederholt werden.

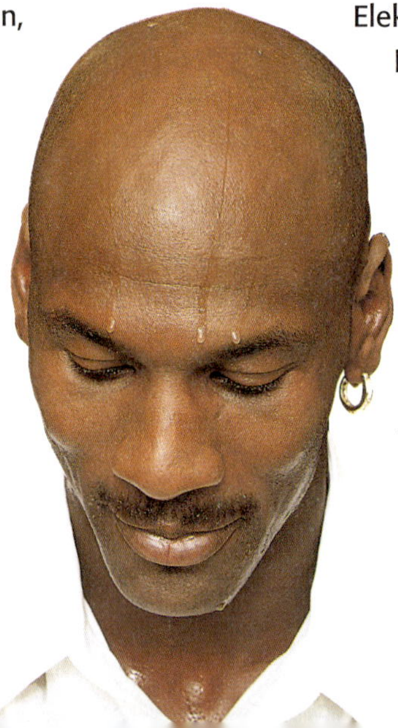

3. Die Naßrasur ist zwar etwas zeitaufwendiger, aber bei weitem die beliebteste Methode. Wenn die Platte so richtig schön glänzen soll, führt kein Weg am Naßrasierer vorbei. Tragen Sie nach dem Duschen Rasiercreme auf dem ganzen Schädel auf und rasieren Sie gegen den Strich. Nehmen Sie eine Klinge, die Sie schon ein paarmal für das Gesicht verwendet haben. Ziehen Sie jede Bahn einmal und spülen Sie den Rasierer regelmäßig aus, damit er sich nicht zusetzt. Spülen Sie Ihren Kopf ab und schauen Sie nach übersehenen Haarbüscheln oder -streifen – das ist wichtig, wenn Sie nicht aussehen wollen wie ein Alien aus einer Science-Fiction-Serie! Zum Abschluß können Sie noch ein Babyshampoo verwenden.

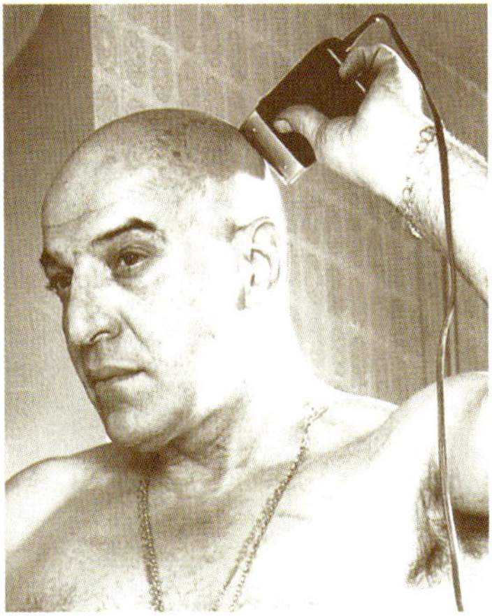

Oben und links: Zu Kojaks Zeiten rasierten sich nur liebenswerte Exzentriker und Yul Brynner den Schädel; Sportidole und MTV haben die Spiegelglatze salonfähig gemacht.

4. Trocknen Sie die Kopfhaut und tragen Sie eine Hautlotion auf, um die Haut zu beruhigen und den Glanz zu erhöhen. Eine gelegentliche Politur mit einem sauberen Schuhputztuch rettet den Glanz über den Tag.

Völlig nackt

Früher haben sich amerikanische Footballspieler Schienbeine und Fußgelenke rasiert, damit das Klebeband, das sie darumwickelten, beim Abziehen weniger ziepte. Radrennfahrer rasieren sich die Beine wegen des geringeren Luftwiderstands, andere behaupten, daß sich so die kleinen Verletzungen durch hochfliegende Steinchen nicht so schnell entzünden, weil kein Schmutz in den Haaren hängenbleiben kann, und wieder andere tun es, weil es cool aussieht. Achten Sie bei der nächsten Übertragung der Tour de France im Fernsehen einmal auf all die glattrasierten Radlerbeine – das ist zudem weitaus interessanter als den endlosen Berichten über neue Dopingfälle zu folgen.

Welche Männer aber rasieren sich den ganzen Körper? Zum Beispiel Schwimmer, vorgeblich, um den Widerstand im Wasser zu minimieren. Bodybuilder bleiben auch gerne nackt, damit das dekorative Spiel der Muskeln uneingeschränkt zur Geltung kommt. Zudem könnte sich bei einem allzu behaarten Muskelberg sehr rasch der Eindruck eines dressierten Gorillas einstellen. Nach Originaltreue strebende Transvestiten sind der Ganzkörperrasur ebenfalls zugetan; nur solche, die meinen, daß gerade ein haariges Dekolleté das gewisse Etwas hat, verzichten auf blanke Haut.

BARBER SHOP
MODEL
Chew
Copenhagen
it's a pleasure

Rasiermesser und Barbiere

Gespräche im Friseurladen sind so natürlich wie Stille in einem Mausoleum.

Charles de Zelmer

Auf der Woge des Zeitgeists segelt das Gerücht, daß nur ein Rasiermesser die beste Rasur ermöglicht. Das tut es vielleicht in den Händen eines erfahrenen Friseurs. Unglücklicherweise muß ein Mann auf der Jagd nach der ultimativen Rasur lange suchen, bis er einen Friseur findet, der mit einem solchen Messer umgehen kann. Dessen Ausbildungsordnung sieht diese Kunst heute kaum mehr vor. Die Angst vor Hepatitis und HIV hat dem durch den Sicherheitsrasierer bereits lädierten maskulinen Ritual endgültig den Garaus gemacht.

Früher war es etwas ganz Normales, regelmäßig zum Barbier zu gehen. Heute muß man schon nach einem Friseur suchen, der wenigstens die Koteletten mit einem Messer ausrasiert. Selbst in den USA existieren die aus jedem alten Hollywood-Film bekannten, traditionellen Friseurläden nur noch hier und da – mit ihren zerlesenen Zeitschriften und den zwei oder drei Kunden, die sich

Wollen Sie erfolgreich sein – oder nicht?

Fangen Sie pünktlich an, und Sie verlieren keine Kunden.

Sie verdienen nichts, wenn Sie nicht im Laden sind.

Seien Sie höflich und freundlich, und jedermann wird Sie schätzen.

Unhöflichkeit dem Kunden gegenüber ist unverzeihlich.

Achten Sie auf ein gepflegtes Äußeres und vermeiden Sie Körpergerüche.

Nachlässigkeit in jeder Hinsicht wirkt keinesfalls einladend.

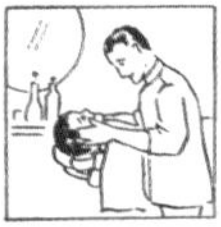

Seien Sie sanft und freundlich, und Ihre Kunden kommen wieder.

Eine rauhe Behandlung vertreibt Ihre Kunden unwiderruflich.

Die Kunden werden Ihre Zurückhaltung zu schätzen wissen.

Schwatzhaftigkeit treibt Ihnen die Kundschaft aus dem Laden.

unterhalten, während sie auf Bedienung warten. Und wohl für immer Vergangenheit sind die ganz alltäglichen Freuden wie die Kopfmassage, das dampfende Handtuch und die scharf geschliffene Klinge, die heiße Seife und Stoppeln gleichermaßen abstreift.

Die Zukunft der traditionellen Barbiere mag besiegelt sein, aber sie können auf eine glanzvolle Vergangenheit zurückblicken. Noch vor wenigen Jahrhunderten hatten sie noch ganz andere Aufgaben als nur Haare und Bärte zu trimmen.

Die studierten Ärzte mischten dazumal bevorzugt Medikamente zusammen, während den Barbieren die weitaus blutigeren Verfahren überlassen waren. Neben der Haarpflege verbanden sie Wunden, stachen Abszesse auf und ließen die Patienten zur Ader. Im Wilden Westen des 19. Jahrhunderts zogen Amerikas Barbiere sogar Zähne. Bestes Beispiel für derartige „Allround"-Talente ist ein Barbier in

St. Louis, der noch 1913 Blutegel zum Aderlaß ansetzte.

Um keine übermäßige Romantik aufkommen zu lassen: Die Barbiere waren notwendig, aber nicht notwendigerweise auch beliebt. Ein amerikanisches Sprichwort lautet: „Barbiere lernen das Rasieren, indem sie Narren rasieren". Aber bis ins 19. Jahrhundert hinein hatte ein Mann kaum eine andere Wahl. Er konnte entweder seinen Hals in den Händen eines womöglich unerfahrenen Barbiers riskieren oder dem einzigen vertrauen, von dem er wußte, daß er Erfahrung hatte – sich selbst.

Die Geschichte des Streifens

Die rot, weiß und blau gestreiften Geschäftszeichen („Barber Poles") der amerikanischen Friseure gehen auf das 14. Jahrhundert zurück. Die Barbiere rammten einen kräftigen weißen Pfahl in den Boden vor die Tür ihrer Barbier- und Chirurgen-Läden; der Patient saß

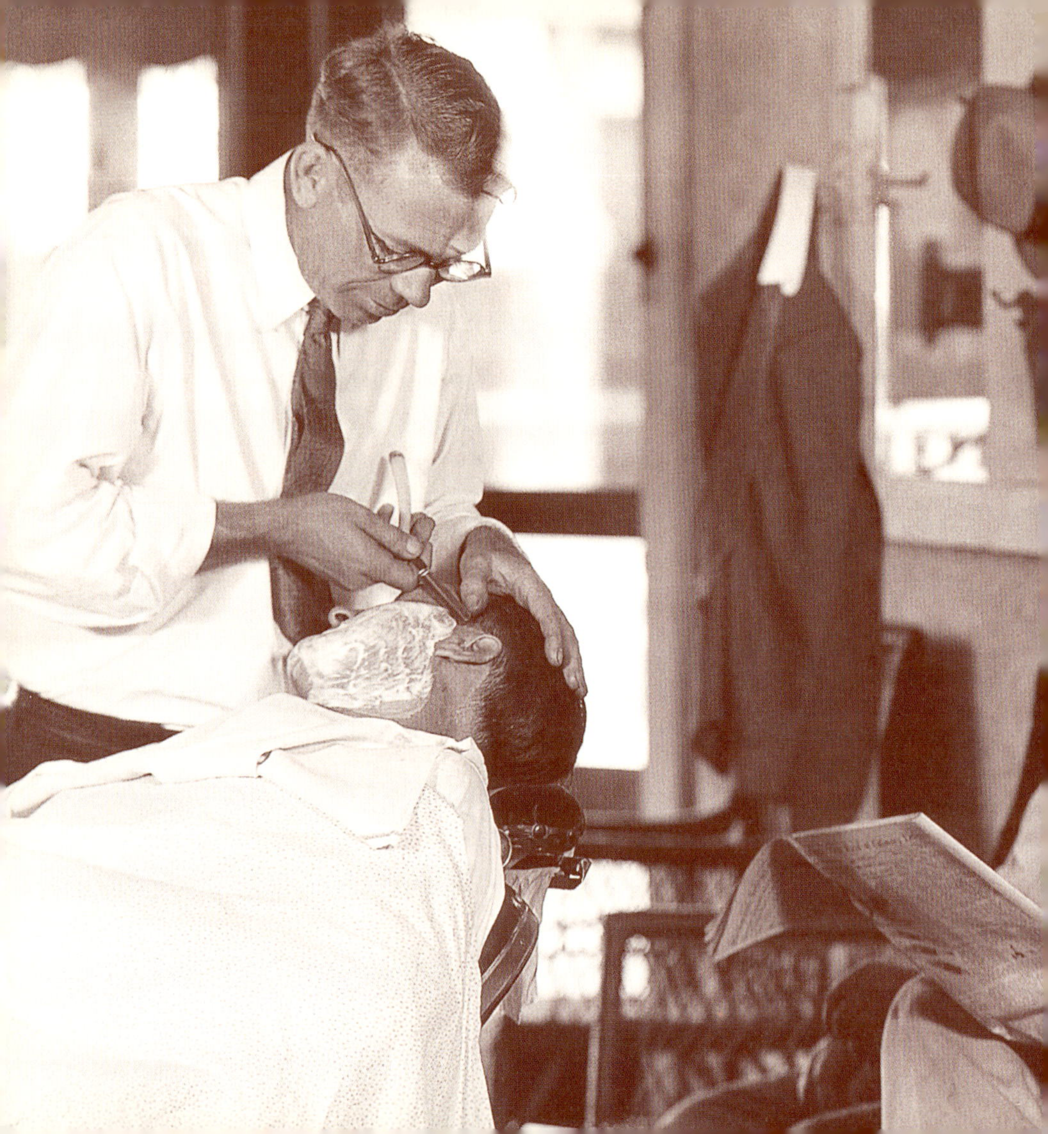

davor auf einem Stuhl und konnte den Marterpfahl im Schmerz umklammern, während er aufgestochen, genäht oder zur Ader gelassen wurde. Nach der Operation wurden die blutigen Bandagen zum Trocknen an den Pfahl gehängt. Der Wind wickelte sie dann um das Holz, womit die roten Spiralen erklärt wären – zumindest in der Legende. Ungeklärt ist noch die Herkunft der blauen Streifen.

Im Lauf der Zeit haben sich die Berufe des Barbiers und des Chirurgen mehrfach getrennt und wieder vereint. Eine volkstümliche Erklärung für die Streifen spekuliert, daß die Chirurgen die roten Streifen ihrer Profession zuschrieben, während die Barbiere die blauen für sich in Anspruch nahmen. Als die Berufe sich wieder verbanden, fanden auch die roten und blauen Streifen zusammen – darum die rot-weiß-blauen Zeichen. Ein weiterer Erklärungsversuch besagt, daß das Rot das arterielle Blut repräsentiert, das Blau das venöse und das Weiß den hohen Hygienestandard des Geschäfts – zumindest dieser Aspekt darf aus heutiger Sicht eindeutig bezweifelt werden – oder gar die Bandage selbst.

Wenn man bedenkt, daß die Barbier- bzw. „Chirurgenläden" in Amerika schon Jahrhunderte vor Erfindung der Anästhesie gediehen und die Geschäfte eher an eine Schlachterei erinnerten als an heutige Frisierläden, ist das Überleben des amerikanischen „Barber Pole" schon bemerkenswert. Ebenso bemerkenswert ist die in Amerika anhaltende Nachfrage nach neuen oder auch restaurierten Pfählen. Auf Auktionen mit amerikanischer Volkskunst kann ein älteres Exemplar einen Preis erzielen, der locker dem halben Jahreseinkommen eines Friseurs entspricht – und zwar dem eines Friseurs heutiger Tage.

Rasiererlebnisse, schriftlich festgehalten

Rasuren rund um die Welt

… Ich habe mir Gedanken über all die Friseure in meinem Leben gemacht. … Die New Yorker Barbiere ergreifen mit ihren in der Härte ihrer Katakomben schwielig gewordenen Händen den Kopf, als handele es sich um eine Kegelkugel. Ich mag Dänemark, weil dort einige Friseure eine dünne Wasserfontäne einsetzen, die das vorgestreckte Kinn umschmeichelt, das so gewaschen wird, ohne daß die abstoßenden britischen Schwämme oder die unbeholfene Spritzerei nötig würden, die in Frankreich und Italien üblich ist.

Französische Barbiere sind wesentlich besser als englische. Sie begrüßen einen freundlich, wenn man ihr Geschäft betritt, und

BLOSSOM 103
RESTAURANT
3 LARGE PORK CHOPS 30¢
SIRLOIN STEAK-ONIONS
ROAST LOIN OF PORK
PIGS HEAD
25¢
HAM OR BACON AND EGGS
LAMB OR MUTTON CHOPS
CORNED BEEF-CABBAGE
ROAST SIRLOIN OF BEEF
20¢
YANKEE POT ROAST
BOILED BEEF-ONIONS
ROAST LEG OF VEAL
OXTAIL GOULASH
SPINACH AND EGGS
20¢
HAMBURGER STEAK-ONIONS
BAKED PORK-BEANS
PORK TENDERLOIN
BREAST OF LAMB
VEAL CUTLET
15
COFFEE TEA OR BUTTERMILK
POTTED VEAL CHOP
POTTED PORK CHOP 15¢
CURRY OF LAMB 20¢
BEEF STEW 15¢
C.B. HASH-BEANS
VEGETABLE LOAF
LAMB - OXTAIL STEW COFFEE 15¢
VIENNA ROAST BEANS 10¢
VEG. DINNER 10¢
SOUP · BREAD 5¢
2 EGGS
MEAT BALLS · BEANS
VIENNA ROAST
FRANKS KRAUT
PIGS FEET KRAUT
LAMB STEW 15¢
SHAVE
BAY RUM 10¢ HOT TOWEL
Hair Cut and Shave 30¢
Single Haircut 20¢
Shampoo 20¢
Ladies Hairbob 30¢
BARBER

erzeugen unweigerlich die Illusion, daß man nicht warten müsse. Ich kannte jahrelang den einzigen Barbier eines sehr kleinen französischen Dorfs. Der Mann stand sieben Tage die Woche in seinem hervorragend geführten Geschäft. Er gönnte sich nur einen Ferientag im Jahr: den Ostermontag, den er in Paris verbrachte.

Arnold Bennett

Der Krug meines Vaters

Clarkies Geschäft lag im Lyceum Hall Block im ersten Stock – ein riesiger Raum mit einem einzigen gepolsterten, grünen Friseurstuhl zwischen den Fenstern, so daß man von ihm aus das Leben auf der Straße beobachten konnte. Der Raum roch streng nach Pimentöl. Die heutigen Friseurläden riechen

Links: ein amerikanischer Friseurstuhl

nicht mehr nach Pimentöl. An zwei Wänden waren zahlreiche Lederstühle und eine alte Ledercouch aufgereiht. Die Armlehnen waren glattpoliert und schwarz von den unzähligen Händen und Ellenbogen, und hinter den Stühlen zog sich eine Linie aus schwarzen Abdrücken an der Wand entlang, wo die Wartenden ihre Köpfe angelehnt hatten. Ebensowenig kann ich die Spucknäpfe vergessen – große, flache Schalen –, vier an der Zahl, mit Sand gefüllt. An der vierten Wand standen das Waschbecken und die Wasserhähne, daneben ein großer Nußbaumschrank mit vielen Regalbrettern. Die Bretter standen voll mit Krügen und auf jedem Krug stand in goldenen, altmodischen Lettern ein Name. Diese Krüge waren ein Who's Who der führenden Bürger. Der Krug meines Vaters stand auf dem zweitobersten Brett, der Dritte von rechts. Dieser Anblick war überaus erregend, und im Alter von zwölf begann ich verstohlen, mein Kinn in der Hoffnung zu betasten, daß auch ich in nicht allzu ferner Zukunft einen Krug dort stehen haben würde.

Über den Stühlen, dem Becken und dem Schrank hingen Bilder. Ich weiß nicht, was aus Clarkie oder seinem Geschäft geworden ist. Ohne Zweifel sind sie den Weg so vieler schöner Dinge gegangen.

Oliver Wendell Holmes

Der Seher von Alexandria

Mnemjians babylonischer Barbierladen lag an der Ecke Fuad I und Nebi Daniel, und hier legte sich Pombal jeden Morgen neben mir in den Spiegeln zurück. Wir kippten gleichzeitig nach unten, eingewickelt wie tote Pharaonen, nur um im selben Augenblick an der verspiegelten Decke wieder aufzutauchen, ausgebreitet wie Forschungsobjekte. Ein kleiner Junge hatte weiße Tücher über uns gedeckt, während der Barbier in einem großen viktorianischen Rasierkrug seine dicke und süßriechende Seife aufschlug, bevor er sie mit sicheren, bedachten Strichen auf unsere Wangen auftrug. Nachdem dieser erste Auftrag vollständig war, überließ er die Aufgabe einem Assistenten und trat zu einem langen Lederriemen, der zwischen den Fliegenfängern an der Rückwand des Raumes hing, wo er begann, die Schneide eines englischen Rasiermessers zu schärfen.

Der Kleine Mnemjian ist ein Zwerg mit veilchenblauen Augen, die nie ihre Kindlichkeit verloren haben. Er ist der „Gedächtnismann", das Archiv der Stadt. Wenn man etwas über die Vorfahren oder das Einkommen eines völlig zufälligen Passanten erfahren möchte, muß man nur ihn fragen; er wird die Details in seinem Singsang hersagen, während er sein Messer abzieht und es an den kräftigen Haaren seines Unterarms testet. Was er nicht weiß, kann er innerhalb von Augenblicken in Erfahrung bringen. Außerdem weiß er genausogut über die Lebenden Bescheid wie über die Toten. Ich meine das durchaus im wörtlichen Sinne, denn das griechische Krankenhaus bezahlt ihn dafür, daß er dort „Opfer" rasiert und zurechtmacht, bevor sie dem Totengräber übergeben werden – eine Aufgabe, die er mit Genuß und einer Spur delikatem Pathos verrichtet. Sein uraltes Gewerbe umfaßt beide Welten, und einige seiner besten Beobachtungen beginnen mit den Worten: „Wie dieser und jener mir mit seinem letzten Atem sagte ..."

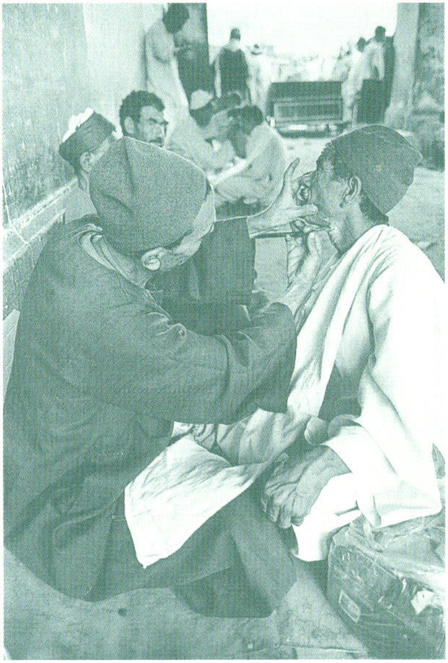

Auf der Straße wird man nicht schlechter rasiert als im Coiffeur-Studio. Hier werkelt ein Straßenbarbier (Kairo, ca. 1988).

Das Auszupfen jedes einzelnen Haares mit einer verdrillten Pflanzenfaser garantiert ein sehr hohes Schmerz-Effizienz-Verhältnis (Neu-Guinea, frühes 20. Jahrhundert).

Während er schweigend und emsig mit dem Messer arbeitet, verschleiern sich seine Augen, und seine Gesichtszüge werden so ausdruckslos wie eine leere Flasche. Seine Finger fahren ebenso kühl über unsere lebendigen Gesichter wie sie es über die der anspruchsvollen und (ja, glücklichen) Toten tun.

Lawrence Durell, Justine

Rasur mit dem Faden in Ägypten

Der Barbier war etwa achtzig Jahre alt und hatte nur ein brauchbares Auge. Er klemmte sich eine Garnrolle zwischen die Zähne, schlang den Faden um zwei ausgestreckte Finger einer Hand und zog ihn mit der anderen straff. Dann beugte er sich so dicht über mich, daß er mich hätte küssen können, und führte seine Hände über mein Gesicht. Der einäugige Barbier und sein Faden rissen mir ein Haar nach dem anderen mitsamt der Wurzel aus.

Es war schmerzhafter als das Ziehen der Weisheitszähne, aber ich konnte den Stuhl nicht verlassen. Es handelte sich schließlich um einen Akt der Gastfreundschaft. Und plötzlich war der Laden voll mit Männern, die die Hälse reckten, um einen Blick zu erhaschen auf das, was da vor sich ging.

Im Gesicht eines Mannes gibt es 30 000 Haare. Von meinen wollte der Barbier jedes einzelne nachhaltig entfernen.

„Kif halek?" rief einer der Männer. „Wie geht es Ihnen?"

„El hamdehrella", schrie ich. „Mir geht es gut, Gott sei dank."

Es gab kehliges Gelächter, eine Gemeinschaft unter Männern. Jemand reichte mir ein Falafel. Der Barbier unterbrach seine Arbeit, ich aß langsam, dankbar für die Pause. Eine Stunde später, als die Tortur beendet war, fühlte sich meine Haut an wie Seide.

Cal Fussman

Eine Rasur in der Türkei

Meine erste Rasur in einem Barbierstuhl erhielt ich vor einigen Jahren in der türkischen Hafenstadt Marmaris von einem Zehnjährigen, der für den Besitzer auf den Laden aufpaßte …

Meine Halsschlagader hat es schadlos überstanden, aber es waren mit die schmerzhaftesten zwanzig Minuten, die ich je erlebt habe. Es fühlte sich an, als ob mir der Junge die oberste Hautschicht vom Gesicht gezogen hätte und sich nun daran machte, die nächste in Angriff zu nehmen. Zu seiner Ehrenrettung muß ich sagen, daß es die beste Rasur war, die ich je bekommen habe – 48 Stunden lang war mein Gesicht glatt wie eine Billardkugel –, und erstaunlicherweise floß kein einziger Tropfen Blut.

Als ich letztes Jahr erneut die Türkei besuchte, beschloß ich, mich wieder in die Hände eines Profis zu begeben. Diesmal ging ich in Begleitung eines türkischen Freundes zu einem unscheinbaren Barbierladen mit zwei Stühlen, einem Kalender mit einem Mädchen in einem knappen Bikini und dem unvermeidlichen Porträt von Kemal Atatürk.

Das erste, was ich dank der Übersetzung meines Freundes lernte, war, daß die ideale Rasur in der Türkei „sinek aydi" heißt – so glatt, daß eine Fliege abrutscht – und daß es davon zwei Arten gibt. Wenn der Barbier gegen den Strich der Haare arbeitet, erhält man die glatteste Rasur, aber es tut höllisch weh. Arbeitet er mit dem Strich, schmerzt es nicht, aber es zeigt sich ein Nachmittagsschatten – allerdings erst am Nachmittag des folgenden Tages.

Der freundliche Barbier, der aussah wie Saddam Husseins Bruder, begann, indem er eine Rasierklinge in einen Schildpattgriff einsetzte. Dann seifte er mich ein. Nach jedem Strich der Klinge wischte er den Schaum auf der Daumenwurzel seiner anderen Hand ab; alle drei oder vier Bahnen schüttelte er den Schaum in das Waschbecken. Er arbeitete schnell und sorgfältig, und als er fertig war, begann er von vorne, damit auch nicht die kleinste Fliege sich halten konnte. Als er damit fertig war, trug er nacheinander Lotion, Creme und Puder auf. Zum Abschluß tauchte er ein langes Wattestäbchen in brennenden Alkohol und schnippte es geschickt in jedes Ohr, um die kleine Härchen abzusengen. Das ganze kostete etwa soviel wie ein Vierteldollar.

Richard Brookhiser

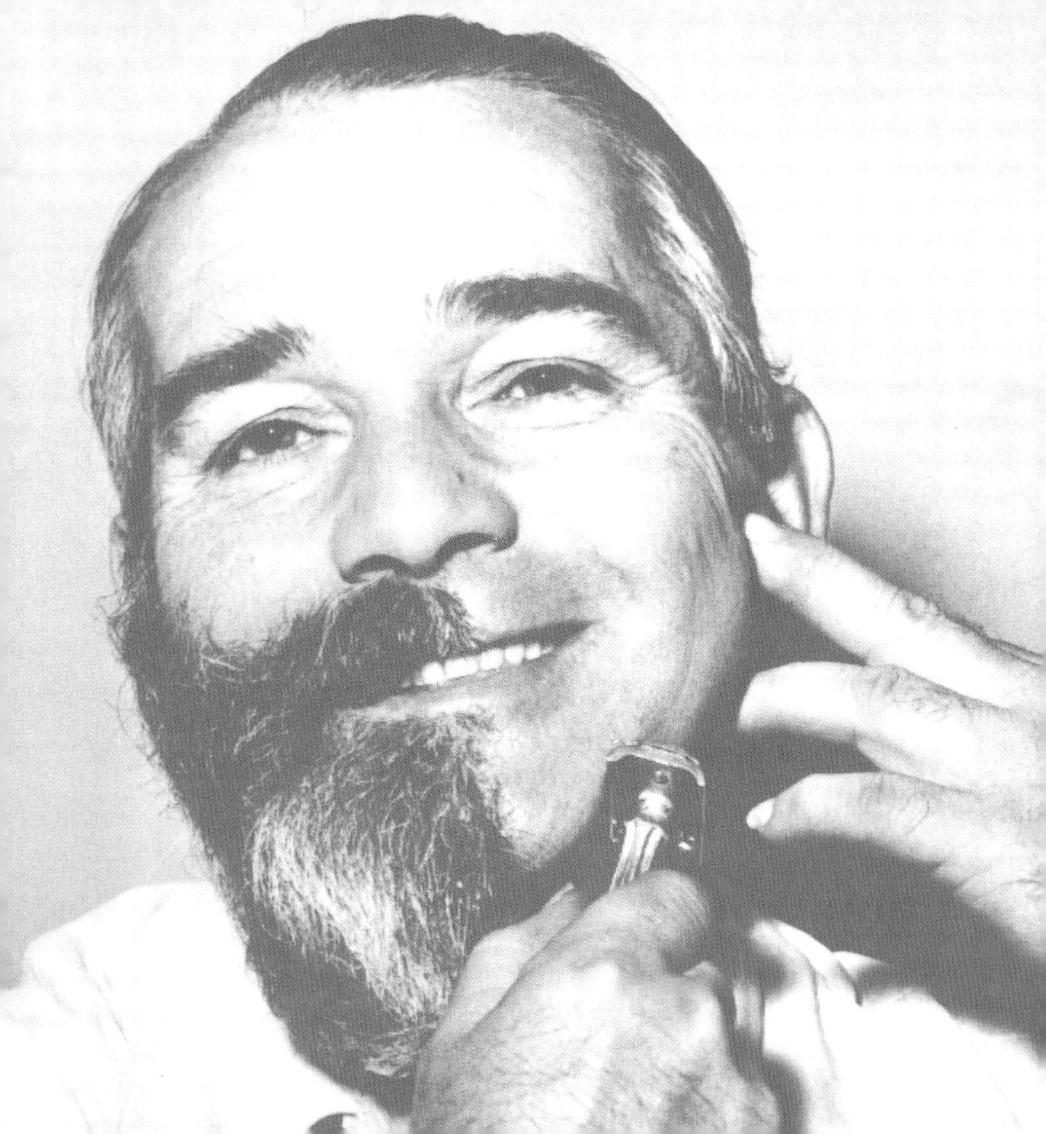

Kleine Chronik der Rasur

10 000 v. Chr.
Höhlenzeichnungen zeigen Männer mit kurzen Bärten und bartlos. Wahrscheinlich benutzte man geschärfte Feuersteine und primitve Pinzetten zur Rasur.

4000 v. Chr.
Rasiermessererartige Gerätschaften aus Kupferlegierung sind in Ägypten in Gebrauch.

1567–1320 v. Chr.
Rasiermesser aus Bronze haben schärfere Schneiden und verdrängen die Kupfermesser.

1000 v. Chr.
Eisen ersetzt bei Werkzeugen und Waffen die Bronze. In dänischen Mooren gefundene Menschenopfer sind glattrasiert.

323 v. Chr.
Alexander der Große befiehlt seinen Soldaten, sich zu rasieren.

296 v. Chr.
Griechische Barbiere werden von Sizilien nach Rom gebracht. Bis dahin hatten die Römer das Rasieren als eine weibische griechische Sitte angesehen.

200 v. Chr.
Die römischen Legionäre verwenden Bimsstein zum Abschleifen ihrer Bärte; Zivilisten wagen nur einmal im Monat den Gang zum Barbier.

10 n. Chr.
In seiner *Ars Amatoria* gibt Ovid jungen Männern folgenden Rat:

„Laßt euren Körper beim Sport bräunen / Seid nicht schlampig; seht, daß eure Zähne sauber sind / euer Haar geschnitten und glatt gebürstet / eure Wangen mit dem scharfen Messer glatt rasiert."

361–363
Nach kurzer Herrschaft glattrasierter christlicher Generäle läßt Kaiser Julian seinen Bart wachsen, um dem Volk zu zeigen, daß nun ein heidnischer Philosoph auf dem Thron sitzt.

980
Vollbärte kommen nach Jahrhunderten wieder in Mode, in denen die meisten Herrscher glattrasiert waren oder höchstens

einen kurzen Bart oder Schnurrbart trugen. Nach Otto III. werden die Herrscher des Heiligen Römischen Reichs mit Bärten abgebildet.

1031

Kanon 7 des Konzils von Bourges besagt, daß alle Kleriker, „die in der Heiligen Kirche dienen, eine geistliche Tonsur tragen müssen, das heißt, einen abrasierten Bart und eine kreisrunde rasierte Stelle auf dem Kopf". Die Tonsur ist im Mittelalter das, was der Priesterkragen in heutiger Zeit ist.

1066

In der Schlacht von Hastings unterschätzt der angelsächsische König Harald die Stärke der Normannen aufgrund eines schlichten Mißverständnisses seiner Spione in Frankreich, die davon ausgingen, daß jeder Mann ohne Bart oder Schnurrbart ein Priester sein müsse.

1163

Ein päpstliches Dekret verbietet dem Klerus, Blut zu vergießen. Mönche, die regelmäßig zur Ader gelassen werden müssen, übertragen diese Aufgabe nun den Barbieren.

1361

Französische Barbiere und Chirurgen bilden eine Gilde.

Heinrich VIII.

1462
Eduard IV. gewährt den englischen Barbieren den Status einer Handelsgilde. Heinrich VIII. verschmilzt sie 1541 mit den studierten Chirurgen, bestimmt aber, daß sie nur zur Ader lassen und Zähne ziehen dürfen. Dafür ist den Chirurgen das Rasieren verboten.

1610
Ludwig XIII. besteigt den französischen Thron. Als ihm die Haare ausfallen, kommt die gepuderte Perücke in Mode; für die nächsten zweihundert Jahre ist Gesichtsbehaarung aus der Mode.

1680
Erste Erwähnung eines Klapprasiermessers mit schmaler Klinge in den Dokumenten eines Herstellers in Sheffield (England).

1740
Benjamin Huntsman erfindet den Gußstahl – ein härterer, feinkörnigerer Stahl, der sich besser und dauerhafter schleifen läßt.

1769
Der Messerschmied Jean-Jacques Perret veröffentlicht *La Pogonotomie,* in dem die relativ neue

Japanische Rasierschüssel aus dem 18. Jahrhundert

Idee vertreten wird, daß Männer lernen sollten, sich selbst zu rasieren – dank der Messerform eine nicht gerade einfache Aufgabe. Da es an einem Ende breit und am anderen schmal ist und keine Abstufung zwischen Klinge und Angel besitzt, rutscht der Finger leicht ab und auf die Schneide.

1776

Die Unterzeichner der amerikanischen Unabhängigkeitserklärung sind allesamt glattrasiert, wenn man Edward Rutledge aus North Carolina nicht mitzählt. Er kämmte sein recht langes Haar so über die Stirn und die Wangen, daß es vor den Ohren lag, aber rein technisch gesehen war auch er glattrasiert.

19. Jhdt.

Die durch schmutzige Bürsten und Werkzeuge verursachte Bartflechte ist weiterhin der Fluch der Barbiersalons.

Der amerikanische Dichter Henry Wadsworth Longfellow wurde bei einem Brand verletzt. Er trug fortan einen Bart, um die Narben zu verdecken.

1820
Michael Faraday gibt eine winzige Menge Silber zum Gußstahl; der metallurgische Fortschritt ermöglicht Klingen, die besser zu kontrollieren sind.

1847
William Henson aus London hat die geniale Idee, den Griff senkrecht an die Klinge anzusetzen. So entsteht der erste Rasierer in moderner Form.

1850er Jahre
Englische Soldaten kehren mit Bärten aus dem Krimkrieg zurück. Schon bald folgt jeder Mann der Mittelschicht mit auch nur etwas Selbstachtung diesem Beispiel.

Oben: A. E. Burnside mit seinen „burnsides".

Unten: Gustave Flaubert erhielt seinen Spitznamen Abu Chanab (Vater des Schnurrbarts) während seiner Reisen durch Ägypten.

1861
Der amerikanische Bürgerkriegsheld General Ambrose E. Burnside verhilft dem Backenbart im Amerikanischen zum Namen „burnsides". Später wird im Volksmund daraus der Begriff „sideburns", mit dem nun auch die ganz normalen Koteletten bezeichnet werden.

1862
Die extravaganten Backenbärte, die in England „muttonchops" genannt werden, heißen in den Vereinigten Staaten „dundrearys", zu Ehren der Figur des Lord Dundreary in dem Theaterstück, das Präsident Lincoln

Männer, die sich vom Friseur rasieren lassen, werden eher totgeredet als enthauptet.

gerade sah, als er erschossen wurde.

1879

In der New York Times erscheint ein Artikel unter der Überschrift „Friseure terrorisieren die Öffentlichkeit": „Die Akten unserer Nervenheilanstalten belegen die furchterregenden Auswirkungen der Konversation mit Friseuren. Nicht weniger als 78 % der Patienten in den öffentlichen Einrichtungen dieses Staates ließen sich regelmäßig von einem Friseur rasieren, bevor sie verrückt wurden. Wenn das nicht bedeutet, daß ein Mann, der von einem Friseur rasiert wird, Risiko läuft, in den Wahnsinn geredet zu werden, verliert Statistik jedwede Bedeutung."

1880
In den Vereinigten Staaten lassen sich die Brüder Otto und Frederick Kampfe den „Star Safety Razor" mit einer einzigen Klinge in einem Halter mit senkrecht angebrachtem Griff patentieren.

1890er Jahre
Künstler wie Aubrey Beardsley, William Butler Yeats und Oscar Wilde treten als Zeichen des

Protests gegen die spießbürgerliche Mittelschicht glattrasiert auf.

1895
Der weitsichtige Unternehmer King Camp Gillette entwickelt die Wegwerfklinge.

1903
Gillette und sein Partner, der Erfinder William Nickerson,

eröffnen ihr Unternehmen über einem Fischgeschäft in Boston.

1906

Die Arnold Fountain Safety Company produziert den ersten stiftförmigen Rasierer für den reisenden Geschäftsmann.

1910

Willis G. Shockey erwirbt das Patent für den ersten aufziehbaren Sicherheitsrasierer, den Vorläufer des Elektrorasierers.

1917

Der amerikanische Kongress erklärt Deutschland den Krieg, und die Regierung bestellt über 3,5 Millionen Rasierer und 36 Millionen Klingen für die Streitkräfte. Die Hygiene unter den fürchterlichen Bedingungen des Grabenkriegs ist nicht die einzige Sorge des Oberkommandos: Auf einem glattrasierten Gesicht schließt auch die Gasmaske dichter ab (die britischen Soldaten erhielten Rasiermesser; das Militär wechselte erst 1920 zu Sicherheitsrasierern).

Gillette-Rasierer, ca. 1905

1931

Lt. Col. Jacob Schick beginnt mit dem Verkauf elektrischer Trockenrasierer mit oszillierenden Scherblättern.

1932

Die Gillette Company beginnt mit der Herstellung ihrer Blue Blade (gefolgt 1938 von der Thin Blade), der Firmengründer stirbt, und trotz der niedrigen Preise für Wegwerfklingen sollen sich die Holzfäller in Oregon weiterhin gegenseitig mit scharf geschliffenen Äxten rasieren.

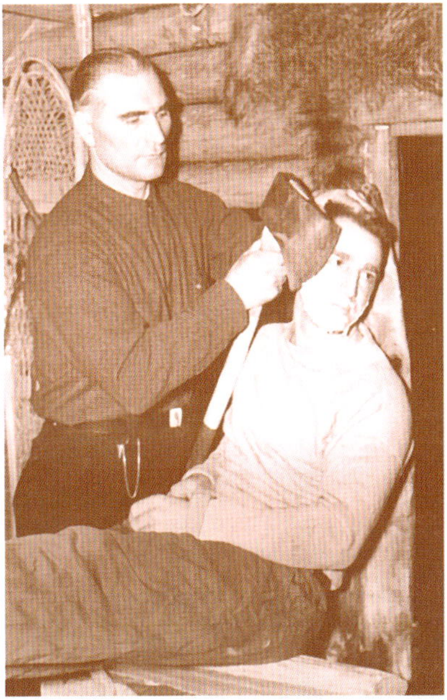

Das Rasieren mit der Axt war bei Holzfällern alltäglich. Hier der Weltmeister im Holzhacken und sein Opfer Eber Peck.

1938

Old Spice wird auf dem amerikanischen Markt eingeführt und ist bis heute das meistverkaufte Aftershave des Landes – riecht „wie Daddy".

1939

Gillette beginnt mit dem Sport-Sponsoring und produziert die Sportsendung *Cavalcade of Sports,* die Baseball, Football, Pferderennen und Boxen in die Heime der amerikanischen Sportfans bringt.

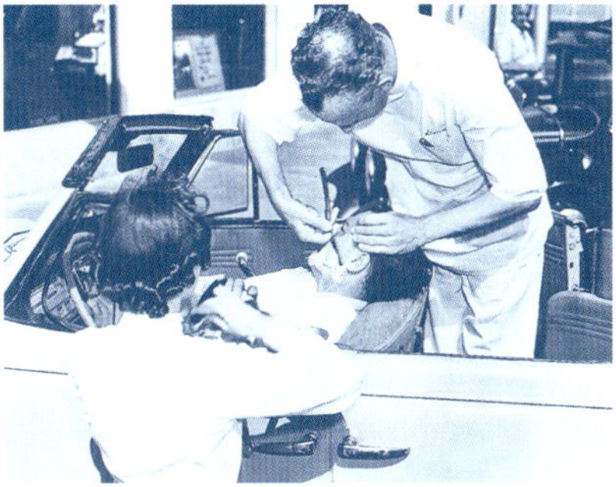

Höhepunkt der Drive-In-Kultur: In den 1950er Jahren konnten sich Amerikaner in Miami sogar im Wagen rasieren und maniküren lassen.

1962

Das kleine britische Unternehmen Wilkinson Sword, Ltd. verkauft seine neue Super Sword-Edge Klinge, die fünfmal länger hält als jede andere Marke. Schon bald folgen American Safety Razor, Schick und Gillette mit eigenen Klingen aus rostfreiem Stahl.

1964

Brut Aftershave kommt auf den Markt – das trägt der ältere Bruder zum Rendezvous.

1969 veranstalteten John Lennon und Yoko Ono ihr „bed-in" für den Frieden – für einen Rasierapparat hatte der Ex-Beatle erkennbar keine Verwendung.

1965
Der erste Rasierer mit austauschbarem Rasierkopf wird produziert. Kopf und Klinge sind miteinander verbunden und werden auf einen Plastikgriff aufgesetzt. Die Idee stammt aus den 1930er Jahren.

Späte 1960er Jahre
Die amerikanischen Friseure geraten in die Krise, als Hippies und andere junge Leute aus Protest gegen den Vietnamkrieg und das Establishment ihre Haare lang wachsen lassen.

1971
Gillette stellt den „Trac II" mit Doppelklinge im abnehmbarem Klingenkopf vor. Sechs Jahre später wird der „Atra" vorgestellt. Dieses Modell verfügt über einen Klingenkopf mit Doppelklinge, der auf einem Gelenk sitzt, und damit den Konturen des Gesichts folgen kann.

1972
Der französische Industrielle Marcel Bich erfindet den ersten billigen Wegwerfrasierer aus Plastik mit fest eingebauter Klinge.

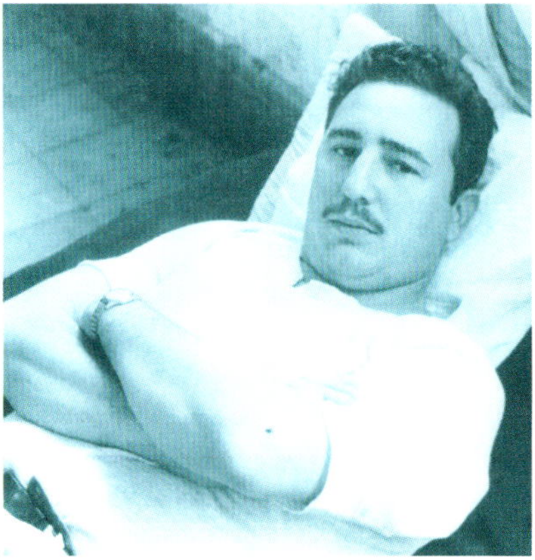

Kaum zu erkennen: Fidel Castro, 1957

1977
Fidel Castro erzählt der Journalistin Barbara Walters, daß er sich auf der Sierra Maestra einen Bart stehen ließ, weil sein Nachschub an Gillette-Klingen abgeschnitten

war; acht Jahre später erklärt er einem Fernsehreporter, daß er durch den Verzicht aufs Rasieren bis zu zehn Tage im Jahr einspart, die voll seinen revolutionären Unternehmungen zugute kommen.

11. Mai 1995: Ferngesteuerte Rasur in einer amerikanischen Kernforschungsanlage, mit der demonstriert wird, wie präzise die Werksroboter arbeiten.

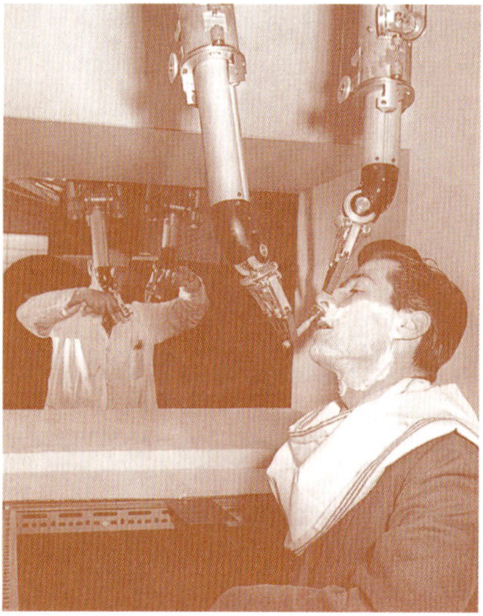

1979

Das Schick-Werk schließt, und Norelco übernimmt die Produktion und die Markenrechte.

1991

Gillettes absoluter Verkaufsschlager, der Sensor Excel mit Schwenk-Neigekopf, Doppelklinge und Gleitstreifen wird eingeführt.

1998

Der erste Rasierer mit drei Klingen, der Mach 3 von Gillette, ist das Ergebnis von 750 Mio. Dollar Entwicklungs- und Produktionskosten.

Rechts: Kult mit dem Rasierapparat. Anthony Mason, Basketballer der New York Knicks, rasierte sich Schlachtrufe ins Haar.

MASON
14

BLUE
STEEL
0,10 m.m.
NTLEMAN
TED BLADE
VISI
tador

„Ausgestorbene" Arten

Wie Studierende der Geologie wissen, sind die verschiedenen Erdschichten durchsetzt mit fehlgeschlagenen Experimenten der Evolution, den Fossilien von Kreaturen, deren Versuche, fruchtbar zu sein und sich zu mehren, nicht fruchteten. Genauso hat auch die Rasierklingenindustrie über die Jahre hinweg ihre ausgestorbenen Arten und Fossilien hinterlassen. Einige Schöpfungen (und Schöpfer) sind niemals gut beim sich rasierenden Publikum angekommen, andere wiederum sind angekommen, haben sich aber nicht gehalten. So häufen sich in Badezimmern, Zugtoiletten und Mülldeponien die weggeworfenen Rasierklingen an. Es gibt sogar Menschen, die sie sammeln, aber diese wenigen Enthusiasten reichen nicht aus, die ausgestorbenen Marken vor dem Vergessen zu bewahren.

Darum auf den folgenden Seiten eine Liste mit den Namen einiger toter Marken:

Fledermaus
ATOMIC
BLADE
HARA GOLD
Tiger Klinge
Sputnik
TATRA
Adonis
RAZOR BLADE

Acme, Acorn, Adams, Admiral, Adoration, Aktlebolaget, Alert, All-in-One, Alpine, Alwin, Any-Angle, Apollo, Aquapruf, Aristocrat, Arkeen, Autocrat, Avoid 5 O'Clock Shadow, Babe Ruth, Ball, Bantam, Barbarossa, Barber's Friend, Barber's Own, Barber's Pet, Barber's Quartet, B-B, Ben Hur, Big Ben, Big Boy Blue, Big Chief, Big Fellow, Big Stick, Big Wheel, Black Demon, Black Foot, Black Tank, the Blacky, Brisk, Brownie, Buddy, Budget, Buffalo, Bulls Eye, B-Y, Cameo, Campus, Carnival, Casco, Casino, Cell-o Thin, Centennial, Century of Progress, Chairman, Charm, Chase, Cheerio, Chef au Ritz, Chippendale, Chum, Clix, Clover, Club, Congress, Conqueror, Copper King, Corn Husker, Cosmo, Country Club, Credo, Croce di Malta, Czar of Russia, Daily, Daisy, Damascus, Dandy, Demon Spark, Diana, Diplomat, Dixie, Doll, Don Juan, Dragon, Dubl-Duck, Eclipse, Eldorado, Empire Eskimo, Esquire, Everybody's, Excalibur, Excello, E-Z-Flo, EZ Shave, Falcon, Fashionable, Fax, Flash, Float-Blade, Fortune, Four Hundred, Friendly, Full Dress, GAY, Gazelle, Gem, Gilt Edge, Gold Medal, Gold'n Honey, Gold Nugget, Gold Tone, Good Humor, Good Luck, Good Value, Grand Prize, Holiday, Hollywood, Husky, Hustler, Ile de France, Imco, Imperial, Indicator, Jai Alai, Jet, Jewel, Jockey, Jupiter, Jury, Kant-Rust, Katz, Ked, Keen Kutter, Keg, King of Shaves, Kooledge, Lido, Lightning, Lucky Boy, Lucky Stroke, Mac, Magmatic, Major, Maple, Mariposa, Master Action, Metropolitan, Micromatic, Midget, Mike, Milord, Minora, Mystery Edge, My-Te-Fine, Nat, Navy Blue, Nobby, Nox-All, Okey, Once, Opera, Optimus, Over, Owl, Pal, Palm, Palmolive, Paragon, Paramount, Pard, Parex, Peerless, Penguin, Peoples, Perfect, Permedge, Phantom, Pilot, Pontiac, Presto, Prime, Prince, Professor, Pronto, Protex, Pullman, Purple,

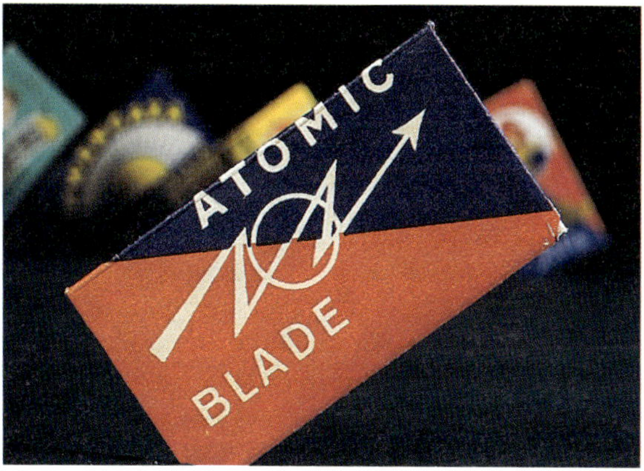

Radio, Rajah, Ravin, Ray-Steel, Razolite, Red Cap, Red Circle, Red Devil, Regatta, Revelation, Reversible, Rex, Ring Thin, Rio, Ritz, Rodeo, Salambo, Samson, Sanitax, Sapphire, Sarita , Sav-A-Blade, Savage, Scotch 40 Day, Scotty, Sentinel, Sentry, Shamrock, Sharps in Flats, Shav-a-way, Sha-Ve-Zee, Shav-O, Shav-Rite, Shav-Ur-Self, Shawmut, Sheffield, Shelby, Shield, Silver King, Silver Star, Simplex, Sir, Sir Henry, Sir John, Sir Richard, Sir Roger, Sisters, Six O'Clock, Smooth-Shave, Society, Solo, Span, Speed, Sportsman, Steel Town, Stetson, Swan, Swank, Sweco, Swift, Swing, Symphony, Tally Ho, Tek, Templar, Texide, Thinere, Thin-Flex, Thin-Jim, Tick Tock, Token, Top Hat, Top Notch, Tornado, Town Talk, Travalong, Trial King, Tropical, True Romance, True Story, Tuxedo, Twenty Grand, Two Bucks, Uneeda, Upat, Valley Forge, Vampire, Vellum, Whippet, White Horse, Whiz-Pak, Wil Kut, World's Fair, Wright, Wrigley, Yale, Zinn.

Amen.

Das meistgebrauchte Wort beim Rasieren

Die „lieben Kleinen" – wie üblich waren sie pitschnaß aus der Wanne gesprungen und auf der Badematte über den Kachelfußboden gesurft. Selbige lag nun verkrumpelt in einer riesigen Pfütze ... Er rutschte auf der Matte aus und schlug mit dem Kopf gegen die Badewanne. Das erste haßerfüllte „Verdammt!" des Tages schallte durch den kleinen Raum. Wütend ergriff er seine Tube Rasierschaum, wütend seifte er sich mit aggressiven Pinselstrichen ein, wütend beharkte er seine plumpen Wangen mit dem Rasierer. Er zog. Die Klinge war stumpf. „Verdammt nochmal!" zum zweiten.

Er durchwühlte den Arzneischrank auf der Jagd nach frischen Klingen (wobei er – wie immer – dachte: „Wäre billiger, sich eins dieser Messerdinger zu kaufen und sich die Klinge selbst zu schärfen"), und als er das Paket entdeckte, versteckt hinter einer Dose mit Natron, dachte er schlecht über seine Frau, weil sie sie dorthin gelegt hatte, und gut über sich, weil er nicht „Verdammt" gesagt hatte. Aber dann sagte er es doch, unmittelbar darauf, als er mit nassen und seifenglatten Fingern versuchte,

den widerspenstigen kleinen Umschlag und das störrische Ölpapier von der neuen Klinge zu lösen – „Herrgott, verdammt nochmal!" zum dritten!

Dann war da noch das Problem, oft bedacht, nie gelöst, was mit der alten Klinge zu tun sei, die das Leben der lieben Kleinen gefährdete. Wie üblich deponierte er sie außer Reichweite auf dem Arzneischrank und machte sich in Gedanken die Notiz, daß er irgendwann auch die anderen fünfzig oder sechzig Klingen entsorgen müsse, die ebenfalls vorübergehend dort gelandet waren. Als er seine Rasur beendet hatte, sein rundes Gesicht glatt und seine Augen brennend von der Seife, tastete er blind nach seinem Handtuch. Doch der Griff ging ins Leere, das gutes Stück leistete der Badematte Gesellschaft. Die lieben Kleinen …

Sinclair Lewis, Babbitt

King Camp Gillette (1855–1932)

„Als ich eines bestimmten Morgens anfing, mich zu rasieren, stellte ich fest, daß meine Klinge so stumpf war, daß das Abziehen nicht mehr geholfen hätte. Sie hätte hohlgeschliffen werden müssen, wozu es eines Barbiers oder Messerschmieds bedurft hätte.

Während ich so dastand und mein Auge leicht wie ein Vogel, der in seinem Nest landet, auf dem Messer ruhte, wurde der Gillette-Rasierer geboren."

Gillettes Genie lag nicht nur in der Erfindung zweier Schneiden, sondern auch in der Idee, daß die Klinge nach nicht allzu langem Gebrauch einfach weggeworfen werden sollte. Sein Sicherheitsrasierer war die perfekte Umsetzung des industriellen Wegwerfprinzips, demzufolge ein Gegenstand seine Dienste nur eine befristete Zeit verrichten soll, um alsbald ersetzt zu werden. Soll ein Produkt erfolgreich sein und überleben, darf es nicht perfekt sein.

King Camp Gillette und sein Partner William Nickerson eröffneten ihre Geschäfte im Jahr 1903. Im ersten Jahr verkauften sie 51 Rasierer und 168 Klingen; im nächsten Jahr schon 90 000 Rasierer und 2,4 Millionen Klingen. 1905 lag die Zahl der verkauften Sets bei 250 000. Der Sicherheitsrasierer erfüllte eindeutig ein breites Bedürfnis.

So richtig begann der Erfolg der Gillette Company aber erst mit dem Ersten Weltkrieg: Die amerikanischen Soldaten wurden statt mit herkömmlichen Rasiermessern mit den neuartigen Gillette-Rasierern ausgerüstet, und Millionen von Männern, die unter normalen Umständen einen Friseur aufgesucht hätten, mußten

USE
Gillette
Blades
IN YOUR
GILLETTE RAZOR

lernen, sich ohne Hilfe selbst zu rasieren. Nach Kriegsende bildeten diese jungen Männer einen Großteil der neuen Kunden, die Klingen für die Rasierer kaufen wollten, deren Gebrauch sie beim Militär erlernt hatten.

Noch Jahre nach seinem Tod zählte Gillettes Gesicht zu den bekanntesten der Welt. Fast von Anfang der Firmengeschichte an konnte man sein Konterfei und seine Unterschrift auf der Verpackung jeder einzelnen Klinge sehen. Das Porträt des jungen, glattrasierten Mannes mit dem vollen Schnurrbart ist mit großer Sicherheit vermutlich öfter gedruckt worden als das von Jesus Christus, Mickey Mouse oder Buddha. Selbst in den entlegensten Orten dieser Welt, in denen die Packungsbeschriftung für die Menschen keine Bedeutung hatte, wurde die Marke „mit dem Männergesicht" verlangt.

Colonel Jacob Schick (1878–1937)

Schon seit die Elektrizität zur Jahrhundertwende allgemein nutzbar wurde, haben Erfinder versucht, sie auch beim Rasieren einzusetzen. Aber es war Lt. Col. Jacob Schick, dem 1931 die Erfindung gelang. Die Inspiration kam ihm schon 1910, als er sich in einem Goldgräberlager in Alaska von einem verstauchten Fußgelenk erholte. Bei vierzig Grad unter Null war das Rasieren schwierig und er suchte nach einer besseren Lösung.

Dreizehn Jahre später meldete Schick sein erstes Patent für einen großen, tragbaren Universalmotor mit einem getrennten Scherkopf an. Der Motor wurde in der einen Hand gehalten, während die zweite den Scherkopf führte. Die Entwicklung hatte ein Jahrzehnt gebraucht, aber Schick mußte

For men who don't feel shaved unless they're close shaved!
Just like a comb, the New Schick "20's" exclusive Bevelled Comb Edges guide whiskers into perfect position for skin-line shaving.
SCHICK
SCHICK 20
FEAST your eyes on the beauty and elegance of the New Schick "20" – but don't overlook the amazing *performance* that causes more men to use Schick Electric Shavers than any other make:
Day in, day out, the New Schick "20" delivers close, clean shaves – speedily and comfortably – to all kinds of men with all kinds of beards. No particular skill is needed, for close shaves are *built into* the New Schick "20."
First off, it's not bulky. The "20's" expertly designed heads are no bigger than they should be to do a perfect job. They snuggle right down to business and actually help you reach every little out-of-the-way place where whiskers hide.
Best of all, Schick's exclusive Bevelled Comb Edges ease all whiskers into precise position for shearing off right smack at the BASE.
In fact, no beard comes too tough for the New Schick "20." It's powered by a real rotary motor – mightiest of its size in all the world. It takes anything known as a whisker – CLEAN – and leaves your face *smooth as an angel's arm!*
So if you want closer, faster shaves, the New Schick "20" is the bet for you – a sure bet as the ideal man's gift, too.
See the New Schick "20" now at any Schick Electric Shaver Dealer's or Schick Electric Shaver Shop. And note that you can buy it for yourself – or as a gift – on the No-Risk 10-Day Trial Plan, described below. Schick Incorporated, Stamford, Conn.
On television every week see The Jackie Gleason Show; every other week, Crime Syndicated
NO-RISK 10-DAY TRIAL PLAN!
The New Schick "20" in saddle-stitched Caddie Case is only $24.50. The New Schick "Colonel," with many features of the "20," is only $19.95. Ask for either on 10 days' trial. If, in 10 days, you—or the man you give it to – aren't delighted with its close, comfortable shaves – return it and every penny will be instantly refunded.
New Schick "20"
–better-built for closer shaves
MORE MEN USE SCHICK ELECTRIC SHAVERS THAN ANY OTHER MAKE
SCHICK Electric Shaver Shops . . . for sales and service . . . conveniently located
CALIFORNIA
Beverly Hills, 9365 Wilshire Blvd.
Long Beach, 250 E. First St.
Los Angeles, 443 S. Spring St.
Oakland, 1419 Broadway
San Diego, 922 Eighth Avenue
San Francisco, 681 Market St.
COLORADO
Denver, 724 15th St.
CONNECTICUT
Hartford, 983 Main St.
Stamford 45 Garden St.
WASHINGTON, D. C.
Washington Bldg. N. Y. Ave. & 15th St., N. W.
FLORIDA
Jacksonville 208 Laura St.
Miami, 111 N. E. Second Ave.
GEORGIA
Atlanta, 90 Forsyth St., N. W.
ILLINOIS
Chicago, Palmer House 119 So. State St.
INDIANA
Indianapolis 31 S. Meridian St.
IOWA
Des Moines, Liberty Bldg. 6th and Grand Ave.
KENTUCKY
Louisville 332 W. Broadway
LOUISIANA
New Orleans, 931 Canal St.
MAINE
Portland 477 Congress St.
MARYLAND
Baltimore, 222 N. Liberty St.
MASSACHUSETTS
Boston, 80 Federal St.
MICHIGAN
Detroit 232 W. Grand River Ave.
MINNESOTA
Minneapolis, 512 Nicollet Ave.
St. Paul
MISSOURI
Kansas City 916 Walnut St. Bldg.
St. Louis, 312 Olive St.
NEBRASKA
Omaha, Natl. Bank Bldg. 17th and Farnam
NEW JERSEY
Newark, 1180 Raymond Blvd.
NEW YORK
Albany 90 State St.
Brooklyn 76 Court St.
Buffalo 403 Main St.
Hempstead, L. I., 109 Jackson St.
Jamaica, L. I.
New York 20 E. 40th St. 100 Nassau St.
Rochester, 14 Franklin St.
OHIO
Akron, 1st Natl. Tower
Cincinnati, 432 Walnut St.
Cleveland 925 Euclid Ave.
Columbus 17 S. High St.
OKLAHOMA
Oklahoma City, 105 N. Hudson
OREGON
Portland, 621 S. W. Morrison St.
PENNSYLVANIA
Philadelphia, 12 S. Twelfth St.
Pittsburgh 717 Liberty Ave.
RHODE ISLAND
Providence, 171 Westminster St.
TENNESSEE
Memphis, 120 Monroe St.
TEXAS
Dallas, 1416 Commerce St.
Houston 1121 Walker St.
San Antonio, 603 Navarro St.
UTAH
Salt Lake City 8 E. B'way
WASHINGTON
Seattle, 1511 Third St.
WISCONSIN
Milwaukee 132 W. Wisconsin Ave.
CANADA
Calgary, Alberta 112A Seventh Ave. W.
Montreal 2, Quebec 1183 Phillips Place
Toronto 1, Ontario 78 Richmond St., W.
Vancouver, B. C. 718 Granville St.
Winnipeg, Manitoba 298 Smith St.

6-1 GAL. CANS
5103A253 FUEL
THE COLEMAN COMPANY, INC.

warten, bis die Technologie reif für seine Idee war. Ein echter Elektrorasierer konnte erst entwickelt werden, als die Elektromotoren so klein waren, daß man die Geräte in einer Hand halten konnte. Diese Entwicklungsstufe trat in den 1920er Jahren, parallel zur zunehmenden „Elektrifizierung" der Haushalte, ein.

In der Zwischenzeit brachte Schick 1926 den „Magazine Repeating Razor" auf den Markt. Dabei handelte es sich um einen Naßrasierer, in dessen Griff zwanzig Rasierklingen Platz fanden. Mittels eines Hebelmechanismus wurde die abgenutzte Klinge ausgeworfen und eine frische nachgeladen. Auf diese Weise mußten die Kunden nicht mehr mit den gefährlichen Klingen hantieren.

Schick verkaufte das Unternehmen ein Jahr später, um Kapital für die Produktion und Vermarktung seines Trockenrasierers aufzubringen. Das erste dieser Geräte wurde 1931 für 25 Dollar verkauft und stellte gegenüber der ursprünglichen Idee eine immense Verbesserung dar. Er war kleiner und stärker; nun trieb ein Wechselstrommotor – der im Vergleich zur Größe damals der stärkste der Welt war – einen oszillierenden Scherkopf hinter einem geschlitzten Scherblatt an, das auf einem glatten, schwarzen Bakelitgehäuse saß. Der Verkaufserfolg war mehr als mager: Die Große Depression war nicht gerade die richtige Zeit für die Markteinführung eines kostspieligen neuen Produkts. Aber der Rasierapparat überlebte und wurde zum Vorbild für die Modelle anderer Hersteller.

Links: Selbst im ewigen Schnee Alaskas kann ein Mann mit der richtigen Einstellung und dem richtigen Gerät gepflegt aussehen.

Welcher Rasierer ist der Beste?

Die Geschmäcker sind bekanntlich verschieden. Jener Mann schwört auf einen Rasierer, den ein anderer in Bausch und Bogen ablehnt. Es ist allerdings nicht nur eine Frage des Geschmacks. Doppelklingen arbeiten gründlicher als einzelne. Das Geheimnis liegt in der Technik: Beim Rasieren schneidet die erste Klinge jedes einzelne Haar ab und zieht es leicht aus dem Follikel. Die nur Millimeter dahinter folgende zweite Klinge schneidet das Haar nochmals ab, bevor es sich wieder zurückziehen kann. Ergo: eine glattere Rasur.

Wenn also zwei Klingen besser rasieren als eine, müßte doch die glattestmögliche Rasur mit einer ganzen Gruppe von Klingen erzielt werden können, oder nicht? Oder zumindest doch mit dem Drei-Klingen-Wunder von Gillette, dem Mach 3 ? Nicht unbedingt. Einige Männer schwören darauf, andere finden, daß der größere Klingenkopf das Rasieren unter der Nase schwierig macht. Da es anfangs

Der Rasierer

Er kennt die Tücken meiner Außenhaut – ob ein scharfer Schwung möglich ist, ob nicht – viel besser als ich selbst. (Hab ich, wenn dies beendet ist, ein Antlitz, welches mich erkennen läßt Konturen links und rechts?)

Der Morgen schnitzt das Muster einer Jugend für den zu bewältigenden Tag. Sein Kuß, mit spitzer Lippe, macht aus mir, was ich für ein vertrautes Abbild dessen halte, was wir heute sind und was ich bin – Homo erectus für einen weiteren Tag in menschlicher Gestalt, befreit vom Bart. Von Höhle und vom Feuerstein bleibt nur ein verblaßtes Spiegelbild, das vom Ursprung Cro-Magnon und Piltdown sich gehäutet.

Marvin Solomon

manchmal nicht so einfach ist, zu bestimmen, wo die neuen Klingen auf der Haut ansetzen, erfordert das Trimmen von Koteletten oder Vollbärten einige Übung. Andererseits ist eine derartige Ausstattung hervorragend für die Rasur größerer Flächen geeignet – also ideal für Frauenbeine und Bodybuilderrücken. Fazit: der Mach 3 ist ein großartiger Rasierer – das gleiche gilt aber auch für die aktuellen Doppelklingen-Modelle.

Auch wenn Wegwerfrasierer beliebter und billiger sind als Rasierer mit Wechselklingen, sind letztere doch einfacher zu benutzen und halten einige Rasuren länger. Man bekommt halt die Qualität, für die man bezahlt hat.

Spieglein, Spieglein an der Wand …

„Ein Spiegel hat kein Herz, aber viele Ideen."

Malcolm de Chazal

Man kann sich auch ohne einen Spiegel rasieren. So sind Saunen und Dampfbäder, wo ein Spiegel sowieso nur beschlagen oder unsinnig wirken würde, ideale Orte zum Rasieren; die Barthaare fallen einem praktisch von selbst vom Kinn und ein Test mit der Hand zeigt, wo noch Arbeit vonnöten ist.

Frankie Avalon als gutes Teenie-Idol – dem Ernst der Situation angemessen

An den meisten anderen Orten ist der Spiegel allerdings eine große Hilfe. Beginnen wir mit dem Offensichtlichen: Ein gut ausgeleuchteter Spiegel ist besser als ein dunkler; ein klarer Spiegel ist besser als ein beschlagener; und wenn Sie sich gerne unter der Dusche rasieren und dabei auch noch sehen wollen, bietet sich ein beschlagfreier Spiegel aus Acrylglas an. Viele Modelle werden an den Duschkopf gehängt und führen das heiße Wasser an der Rückseite entlang, wodurch die Kondensation verhindert wird.

Was Sie nicht brauchen, ist ein Vergrößerungsspiegel. Ein ganz normaler Mann mit ganz normalem Bartwuchs muß in der Regel seine Poren nicht im Detail sehen. Ein

Was wäre, wenn „She Came in Through the Bathroom Window"? Am besten „Act Naturally" und so tun, als rasiere man sich gerade.

Vergrößerungsspiegel führt nur zum zweiten großen Fehler beim Rasieren (der erste sind billige, stumpfe Klingen): zu einer zu gründlichen Rasur.

Seien wir doch mal ehrlich: Selbst normale Spiegel können schon ganz schön erschreckend sein. Ein Mann wird bei seinen morgendlichen Verrichtungen kaum je sein Gesicht wahrnehmen, es sei denn, er ist selbstlos, unerschrocken und sehr an seinem Aussehen interessiert. Weil er jeden Tag dasselbe Gesicht sieht, fallen ihm die Anzeichen von Resignation oder Verfall weniger auf, die allen anderen praktisch ins Auge springen. Die einlullende Wirkung des Spiegels erlaubt es dem Mann, von Fünfzig auf Achtzig zu altern, ohne daß es ihm sonderlich auffiele. Er bemerkt, wie Zeit und Sorgen jeden anderen um ihn herum zeichnen; nur sein eigener Verfall bleibt ihm verborgen.

Ebenso beunruhigend ist die Erkenntnis, daß das Gesicht im Spiegel nicht das gleiche ist, das Ihre Freunde sehen. Sie selbst sehen es in Umkehrung – der Pickel sitzt links von der Nase, nicht rechts, und die hochgezogene Augenbraue wölbt sich über dem rechten Auge, nicht über dem linken. Wenn Sie also wissen wollen, wie jener Mann wirklich aussieht, den Ihre Freunde und Verwandten schon Ihr ganzes Leben lang grüßen, dann brauchen Sie einen zweiten Spiegel.

Rasiercreme, -schaum und -gel

Vor dem Gel gab es den Schaum, und vor dem Schaum gab es die Cremes, und vor den Cremes gab es die gute alte Seife. Sie alle werden schon seit mehr als einem Jahrhundert verkauft; sie alle heilen die Haut, schützen die Poren, erfrischen und erneuern bis zu

COLGATE'S
SHAVING
SOAP
HIS FIRST SHAVE

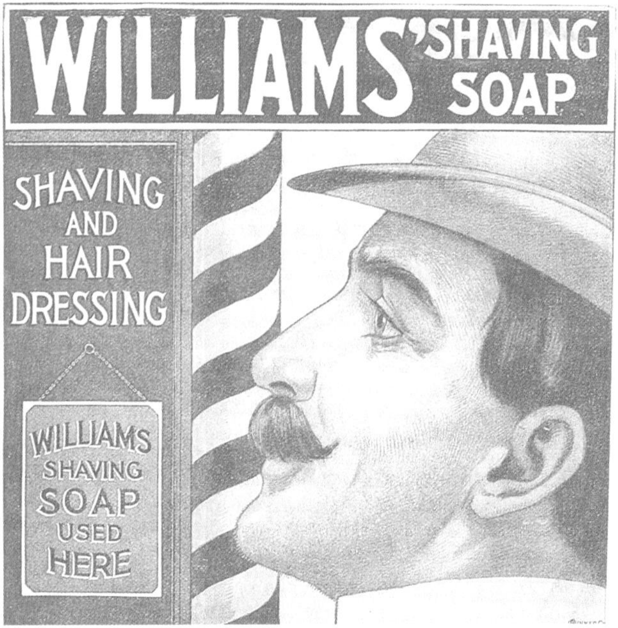

einem gewissen Grad. Geändert hat sich dabei nicht die Funktion, sondern die Anwendung. Bis zur Mitte des 18. Jahrhunderts verwendeten die Friseure einen Schwamm oder ihre Fingerspitzen – ungeachtet mangelhafter Hygiene –, um den Seifenschaum zu erzeugen (der Rasierpinsel wurde in den 1750er Jahren von den Franzosen eingeführt und hielt sich nahezu zwei Jahrhunderte lang).

Rasiercremes, die nicht aufgeschlagen werden mußten, kamen etwa zur Zeit des Zweiten Weltkriegs auf den Markt. Die Creme in

Schaumscherze

Amerikanische Colleges haben einen Ruf zu wahren, und ausgelassene Streiche sind dabei ein unerläßlicher Bestandteil. So treibt beispielsweise an der Rice University die aus mehreren Dutzend Studenten bestehende Gruppe „Baker 13" ihr Unwesen. Deren Mitglieder zeichnen sich dadurch aus, daß sie zu besonderen Anlässen nichts weiter als Schaum auf ihren Kehrseiten „tragen". Die Mission jedes einzelnen „Bakers" besteht darin, an den unmöglichsten Stellen so viele Körperabdrücke zu hinterlassen, wie eine 350 ml-Dose Rasierschaum mit Aloe-Zusatz hergibt. An Halloween 1992 versuchte ein besonders engagierter Frischling, seinen Gesäßabdruck in einer anatomisch völlig unkorrekten Höhe an den Türen der Universitätsbibliothek zu hinterlassen. Aufgrund seiner athletisch gut konstituierten Sprungkraft ging bei seinem Hüpfer nach hinten allerdings die Scheibe in der Tür zu Bruch, und der Baker mußte seinen „Stempel" in der Notaufnahme nähen lassen. Da er nicht die Weitsicht besessen hatte, eine Haftpflichtversicherung für sein Gesäß abzuschließen, wurde das Geld für die Reparatur der Tür durch den Verkauf von „Rettet Johns Arsch"-T-Shirts aufgebracht.

der Tube war für den eiligen Mann wesentlich bequemer als Rasierpinsel, Krug und Seife. Aber alte Gewohnheiten sind schwer abzulegen: Es gab Reisesets, bei denen Pinsel und Rasiermesser genau in eine Röhre aus gebürstetem Aluminium paßten. Auch heute noch haben Rasierpinsel ihre Fans, aber wenn Bequemlichkeit und Nostalgie miteinander konkurrieren, gewinnt für gewöhnlich die Bequemlichkeit.

1941 entwickelten amerikanische Drogisten die Aerosoldose, eine neue Methode zum Versprühen von Insektiziden. Schon bald fand die Rasiercreme ihren Weg in den neuen Behälter und wurde so zum Rasierschaum. Die fünfzig Jahre später eingeführten Gele sind schlicht eine zweimal-so-glitschige Variante des Schaums. Sie sind konzentriert, halbdurchsichtig und verwandeln sich in Schaum, wenn sie auf die nasse Haut gerieben werden.

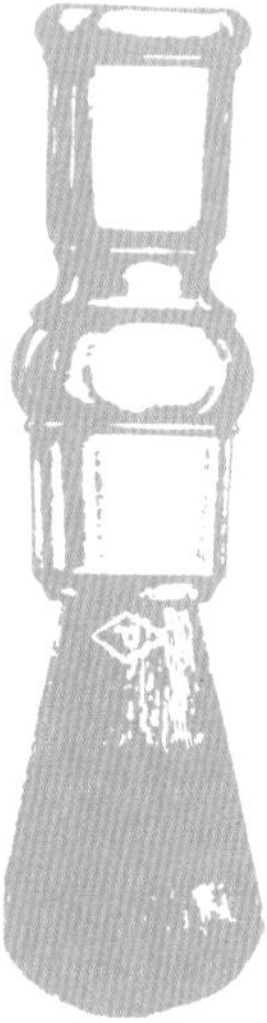

Rasierpinsel

Rasierpinsel sind nach wie vor noch nicht den Weg gegangen, den vor ihnen ein anderes Utensil ihrer Generation nahm, wie z. B. die Brennschere, aber die Zeiten, als sie die *sine qua non* der morgendlichen Rasur waren, sind doch schon lange vorbei.
Normale Pinsel werden aus Nylon oder Schweineborsten gefertigt. Wirklich gute Pinsel bestehen aus den Bauchhaaren des Dachses. Noch bessere Exemplare haben Borsten vom Dachsrücken und sind je nach Dicke und Konstruktion des Griffes recht

Heimarbeit

Ärgern Sie sich auch über die Kosten für Schaum und Gel? Sie könnten es natürlich so machen wie viele Männer, und einfach die Seife auf dem Waschbeckenrand nehmen. Damit sind Sie allerdings wirklich schlecht beraten – diese Seife ist zum Reinigen gemacht, nicht zum Geschmeidigmachen und Befeuchten sensibler Gesichtshaut. Wenn Sie kein Geld für eine gute Rasierseife ausgeben wollen, können Sie sie aber immer noch selbst herstellen. Hier ein typisches Rezept aus dem Jahre 1907:

Man nehme fünf Pfund Palmölseife, schmelze sie, gebe Farbe nach Wunsch hinzu und mische die folgenden Öle bei: Zimt (10 Drachmen), Kümmel (2 Drachmen), Lavendel (2 weitere Drachmen), Thymian (1 Drachme), Pfefferminze (3/4 Drachme) und Bergamotte (2 Drachmen).

Wenn Sie jetzt glücklich sind, daß wir diese unschuldigen, höchst innovativen Zeiten weit hinter uns gelassen haben, aber immer noch Ihre eigene Seife herstellen möchten, beachten Sie dieses zeitgenössischere Rezept.

Sie benötigen:

½ Tasse ausgelassenen Talg
¼ Tasse Kokosöl
1½ Teelöffel Bienenwachs, geschmolzen
2 Eßlöffel Seifenflocken
½ Tasse kaltes weiches Wasser
2 Eßlöffel Lanolin
2 Eßlöffel Glyzerin
je ½ Teelöffel Gewürznelken und Zimt

Die Zubereitung:

Talg, Kokosöl und Bienenwachs zusammen schmelzen. Zum Abkühlen auf die Seite stellen. Die Seifenflocken im kalten Wasser

unter Rühren auflösen. Die Mischung zum lauwarmen Fett hinzugießen und unter Rühren andicken. Lanolin, Glyzerin und ätherische Öle hinzugeben und kräftig verschlagen. In einen Rasierkrug und/oder eingefettete Formen gießen.

Dieses Rezept ergibt ein 350-ml-Seifenstück oder 1 1/2 Tassen flüssige Seife.

Viel Spaß beim Einseifen!

teuer. Diese Nobelexemplare werden beispielsweise von A. Simpson & Co. im englischen Gloucestershire von Hand aus dem Nackenfell des Dachses gefertigt; rechnet man noch einen Elfenbeingriff hinzu, bewegt sich der Preis bei rund 4300,– DM – ein Luxus, der für ein paar störende Haare im Gesicht nicht unbedingt und im Zeitalter der political correctness aus Gründen des Tierschutzes schon gar nicht mehr angebracht ist. Allerdings sollte ein guter Pinsel mindestens zwanzig Jahre halten, und dann lohnt es sich auch, ein paar Mark mehr zu investieren.

Die Ozonschicht

Bis 1978 waren Fluorchlorkohlenwasserstoffe (FCKW) das meistverwendete Treibgas in Spraydosen. Aber die zerstörerischen Auswirkungen auf die Ozonschicht bewegten zumindest die westlichen Regierungen – sanft unter Druck gesetzt von wachsendem Umweltbewußtsein – dazu, den Gebrauch dieser Stoffe streng einzuschränken. In der Folge ersetzten die Hersteller sie durch Kohlenwasserstoffe und Kohlendioxyd. Damit entfiel das tägliche schlechte Gewissen, beim Rasieren zum ständig wachsenden Ozonloch beizutragen.

Aftershaves

Zweitausend Jahre vor Christi Geburt ordnete der babylonische

Old Spice

Herrscher Hammurabi an, daß jeder in seinem Königreich sich mit Parfüm zu waschen habe. Ein halbes Jahrtausend später kräuselten sich assyrische Krieger die Bärte und salbten sie mit Duftölen. An der Schwelle zum 21. Jahrhundert bevorzugen Männer nur noch Seife und Wasser für ihre – wünschenswerterweise – täglichen Waschungen und sind meist glattrasiert. Riechen wollen sie allerdings immer noch gut.

Rasierwasser sollten nicht nur gut duften, sie sollten sich auch angenehm anfühlen. Wenn ein Mann sich richtig rasiert, tun sie dies auch. Rasiert er sich falsch, wird es sich anfühlen, als wandere eine Kolonie Feuerameisen über sein Kinn. Die Vorlieben mögen ja verschieden sein, aber derart möchten wohl nur die wenigsten den Tag beginnen.

Ein Aftershave fühlt sich gut an, wenn es wenig Alkohol enthält. Der Alkohol, der in einem frischen Schnitt brennt, kühlt auch die Haut.

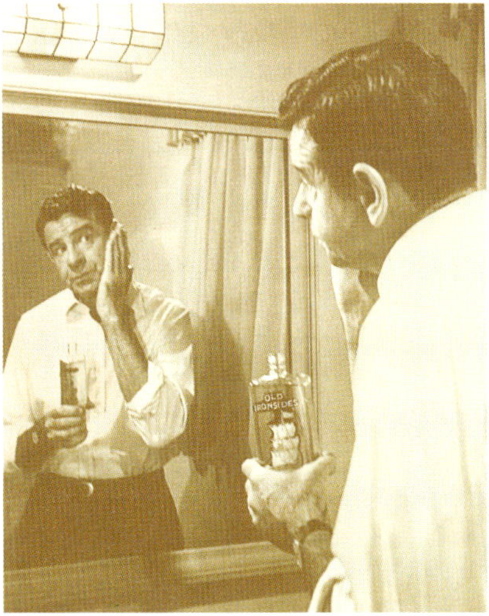

Auch Walther Matthau war zusätzlichen Werbeeinnahmen nicht abgeneigt – hier sehen wir ihn bei der Präsentation von Old Ironsides.

Eine neue Entwicklung in der Herrenkosmetik ist die Aftershave-Lotion, die die Haut befeuchtet und beruhigt. Anders als Eau de Cologne, das ja anhaltend riechen soll, hält sich der Duft eines Aftershave stets nur für kurze Zeit.

THE SATURDAY EVENING POST
I'm Easier to Know—When You Use
MENNEN SKIN BRACER
Its He-Man Aroma WOWS the Ladies!
FOR ANY CLOSE-UP
THESE 10 SECONDS
MAKE THE DIFFERENCE THAT COUNTS
CALL it magic if you will. But you can chalk up that look in her eyes to the he-man aroma of Mennen Skin Bracer. It "wows" the ladies!
Try Mennen Skin Bracer after your next shave. Splash it on your chin, neck, and face. Enjoy its "wake-up" tingle. Helps heal tiny razor nicks. See how it tones up your skin . . . gives you a more youthful, more vigorous appearance. No wonder more men use Mennen Skin Bracer than any other after-shave lotion in America.
So, for those all-important close-ups, get Mennen Skin Bracer. Enjoy it after your next shave. See if she doesn't say "you're nice to be next to."
MENNEN SKIN BRACER
KEEP PRESENTABLE LONGER
Use Mennen Brushless Shave Cream for faster, cooler, more comfortable shaves! Actual surveys prove it's first choice with dermatologists (doctors specializing in the care of the skin). Creamier, easier to use.
SPECIAL FOR LATHER SHAVERS
Choose Mennen Plain or extra-cool Mentholated! Fast-acting lather wilts whiskers . . . helps your razor glide along on wings! See how well groomed your face looks and feels.

Die Aftershave-„Gesetze“

1. Das Aftershave eines Mannes sollte nicht mehr Persönlichkeit besitzen als er selbst.

2. Selbst ein Gebrauchtwagenhändler sollte ein zu aufdringliches Aftershave tunlichst vermeiden.

3. Der morgendliche Abschiedskuß sollte als „kleines Andenken“ einen Hauch von Aftershave auf *ihrer* Wange hinterlassen; der Duft sollte allerdings lange verschwunden sein, bevor sie ihn abends wiedersieht. Andernfalls fühlt sie sich doch eher abgelenkt oder verfolgt.

4. „Steht“ der Duft Ihres Aftershaves auch einer (oder Ihrer) Frau gut, so ist dies ein Zeichen dafür, daß Sie zusammenpassen!

5. Ebenso wie das Parfüm einer Frau sollte das Aftershave des Mannes mit seiner Körperchemie, seiner Persönlichkeit und seinem Lebensstil harmonieren. Es gibt nur sehr wenige Düfte, die jedem Mann stehen. Vielleicht gerade einmal einen.

6. Es braucht Zeit, das richtige Aftershave zu finden, und wenn man es hat, sollte man ihm treu bleiben. Nur so wird es zu einem Teil der Persönlichkeit.

7. Wenn ein Kind ein bestimmtes Parfüm riecht, wird es, egal wie viel Zeit vergeht, diesen Geruch immer mit seiner Mutter in Verbindung bringen. Und wenn ein Kind die Spur eines Aftershave entdeckt, sollte dies gleichermaßen Erinnerungen an den Papa wecken.

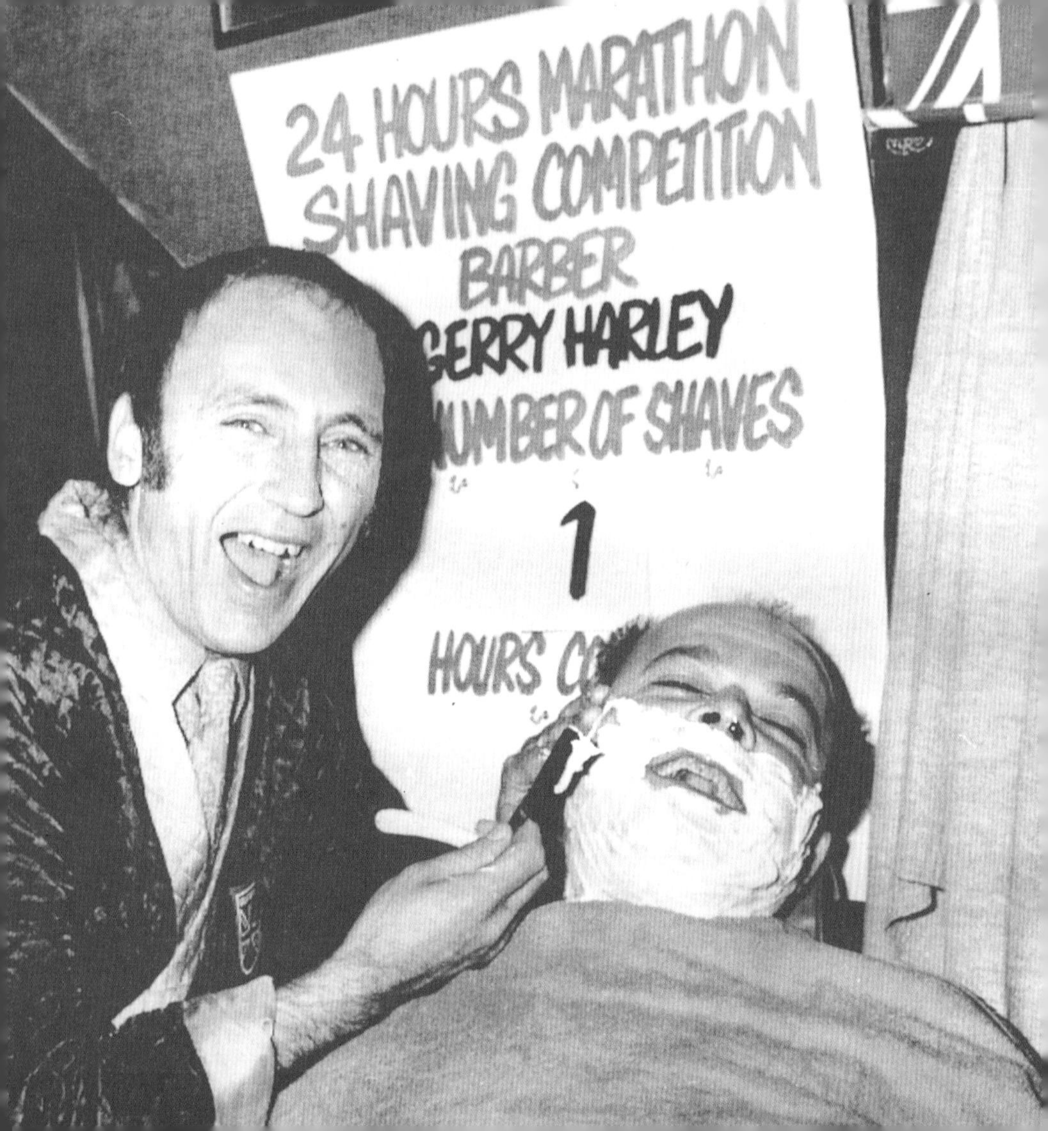
24 HOURS MARATHON
SHAVING COMPETITION
BARBER
GERRY HARLEY
NUMBER OF SHAVES
1
HOURS

Superlative

Die beiden schnellsten Barbiere stammen, dem Guinness-Buch der Rekorde nach, aus England. 1984 rasierte Gerry Harley in nur einer Stunde 235 Männer mit dem Rasiermesser. Nur ein Mann wurde versehentlich geschnitten. Vier Jahre später gelang es Denny Rowe, in derselben Zeit 1994 Männer zu rasieren, was auf 1,8 Sekunden pro Kunde hinausläuft. Es floß viermal Blut.

Der längste dokumentierte Bart gehört dem Norweger Hans Langseth. 1846 geboren, wanderte er in die Vereinigten Staaten aus, wo er 1927 starb und 5,33 Meter Bart hinterließ. Ein wohl beeindruckendes Stück – Langseths Erben warteten vierzig Jahre lang, ehe sie den Bart dem Smithsonian Institute spendeten.

Der größte Schnurrbart der Welt ziert vermutlich die Reiterstatue von Viktor Emanuel II. auf dem Altar der Nation in Rom.

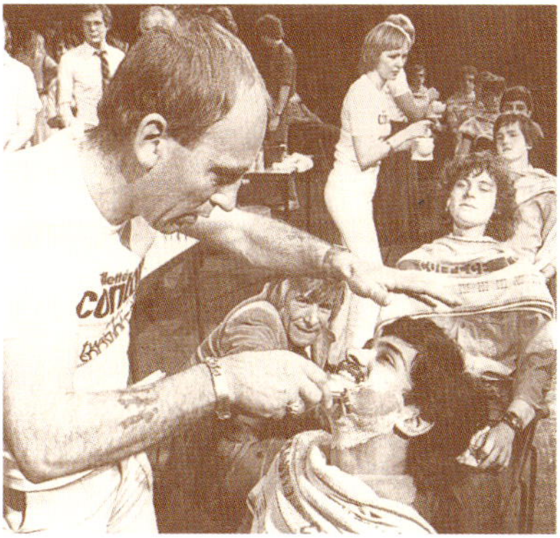

Links und oben: „Learning by doing" – Harley, der „Blitz-Barbier", rasierte 1970 innerhalb einer Stunde 80 Kinne; 1979 schaffte er schon 203.

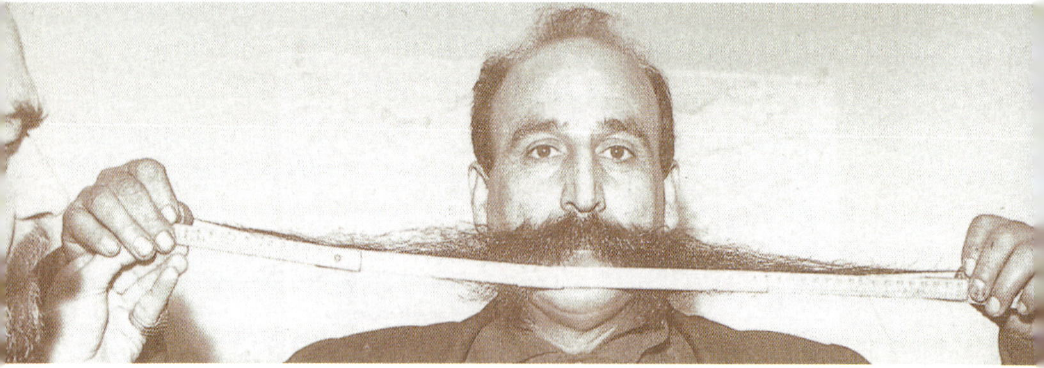

Im Januar 1964 beanspruchte Recep Dogruer aus der Türkei für sich, den längsten Schnurrbart der Welt zu besitzen – mit „lächerlichen" 173 cm.

Der kolossale weiße Marmorschnäuzer des Königs mißt immerhin drei Meter.

Den längsten lebenden Schnurrbart der Welt trägt derzeit Birger Pellas aus dem schwedischen Malmö, der seine Oberlippe seit 1973 nicht mehr rasiert hat. Mitte der 1990er Jahre konnte er sich im Schmucke eines 3,05 Meter langen Schnurrbartes präsentieren.

Der kurioseste Todesfall durch eine außergewöhnliche Bartlänge ist aus dem Österreichischen zu vermelden. Im 16. Jahrhundert, einer Zeit, in der Bärte noch mit Ingrimm betrachtet wurden, war Hans Steininger Bürgermeister des kleinen Örtchens Braunau. Steiningers Bart war fast 2,70 Meter lang. War er zu Fuß unterwegs, mußte er sein Prachtstück um den Hals schlingen und an der Brust feststecken. Auf dem Weg zu einer Ratsversammlung am 28. September 1567 löste sich der Bart. Steininger stolperte über ihn und stürzte auf einer Treppe zu Tode.

Schnellrasierer

John M. Todd betrieb zwischen 1845 und 1905 einen Rasiersalon im amerikanischen Portland. Seine Autobiographie *Sixty-Two Years in a Barbershop* enthält einige der Figaro-Legenden seiner Zeit, die hier ausschnittsweise wiedergegeben sind:

Luke V. Whalen, der einzige offiziell anerkannte Minutenbarbier in seiner Stadt, schwört, er habe einen Mann mehr als zweimal innerhalb von nur einer Minute einge-seift und rasiert.

George N. Rich sagt, er könne belegen, daß er an einem Tag neunzig Männer rasiert hat.

D. C. Hutchins, der Zauberbarbier, rasierte häufig einen Mann pro Minute – einfach „nur so" zur Entspannung.

J. N. Pooler hat in einer Stunde elf Männer von ihrer Gesichtsbehaarung befreit.

George W. Damm rasierte einst mit Unterstützung eines Gehilfen zum Einseifen siebzehn Männer in zwanzig Minuten.

J. C. Moxcey hat fünfundvierzig Jahre lang Seife auf Gesichter aufgetragen, und man schätzt, daß sein Rasiermesser dabei eine Strecke von über 1150 Kilometern auf der männlichen Physiognomie zurückgelegt hat.

Die Rasur auf der Leinwand

So wie jederman seinen Lieblingsschauspieler hat, haben echte Bartfetischisten ihre Lieblings-„Rasier"-Szene im Kinofilm. Michael Caine zum Beispiel, der in *Dressed to Kill* als ebenso schräger wie mörderischer Transvestit Angie Dickinson im Fahrstuhl überrascht; Marlon Brando, der als alte Frau verkleidet in *The Missouri Breaks* bekommt, was er verdient. Am Anfang seiner Karriere drehte Martin Scorcese einen Kurzfilm mit dem Titel *The Big Shave,* in dem ein junger Mann sich wieder und wieder rasiert, bis er sich schließlich den Hals durchschneidet. In amerikanischen Filmführern ist der Streifen übrigens unter den Schlagworten Rasieren, Selbstverstümmelung und Komödie zu finden.

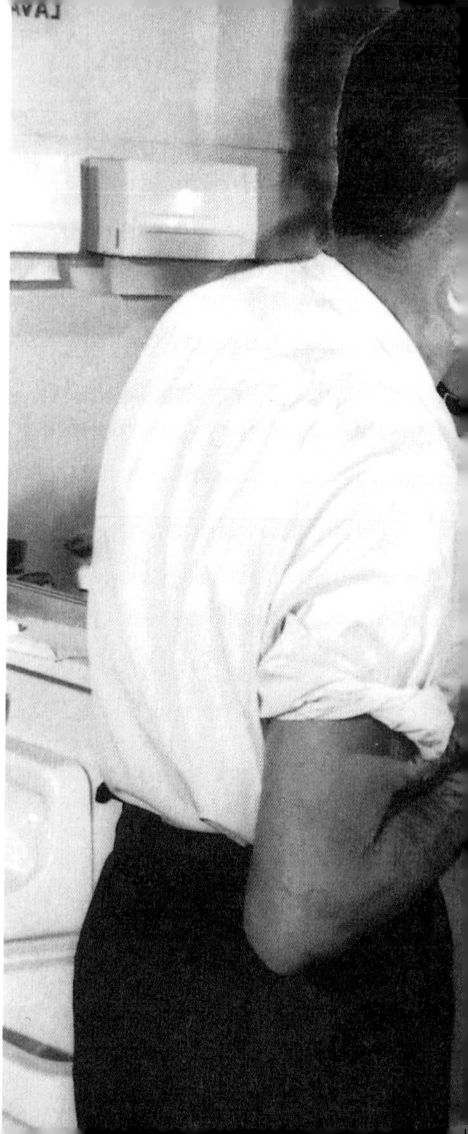

Cary Grant in „North by Northwest"

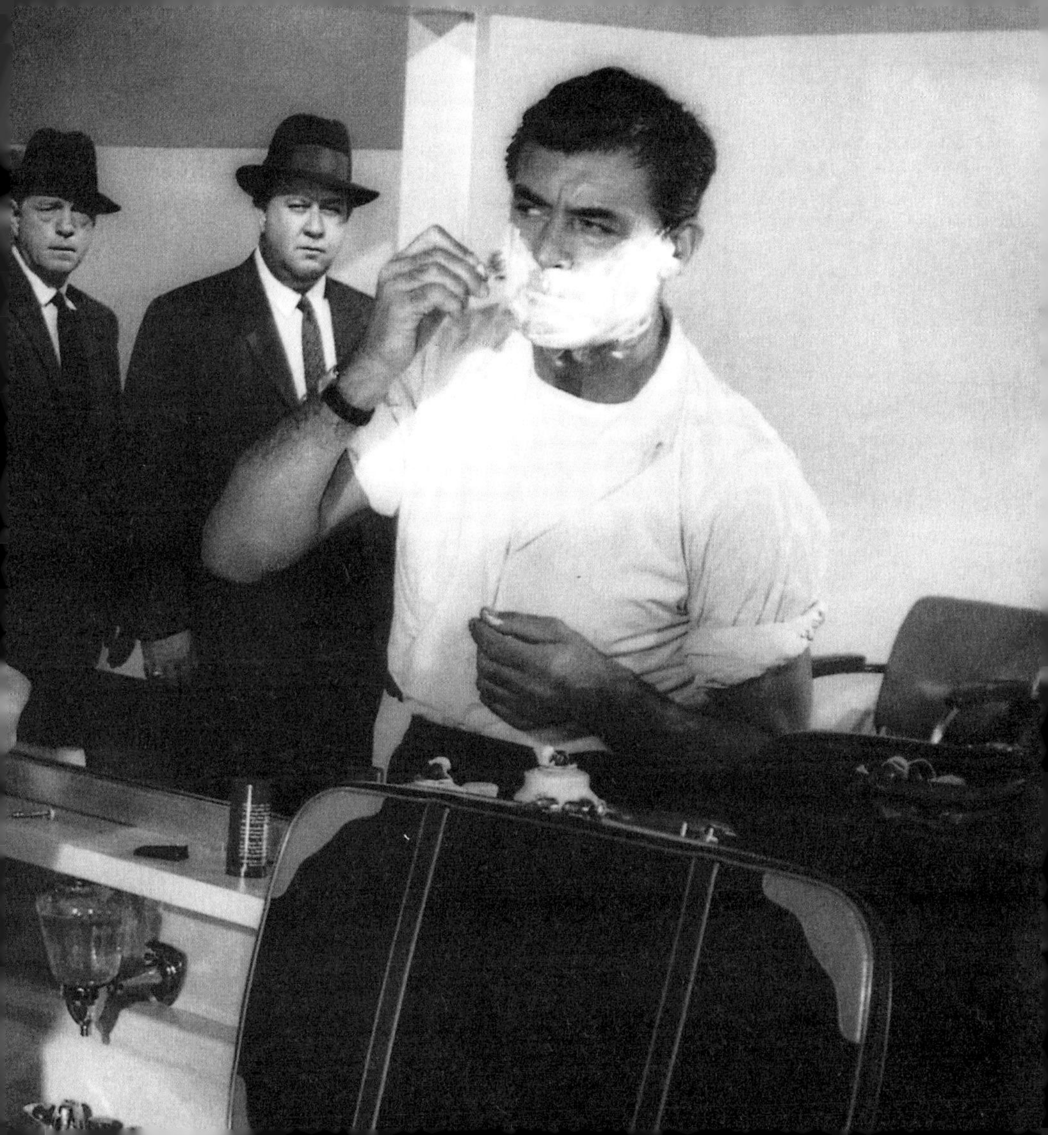

Sean Penn rasiert sich unter den Augen von Michael J. Fox in „Casualties of War".

Niemand, der *Un Chien Andalou* gesehen hat, wird die Szene vergessen, die 1934 einen Aufstand provozierte und auch heute noch schockieren kann. Aus dem Drehbuch: „Es war einmal vor langer Zeit, daß ein Balkon im Dunkeln lag. Im Hause benetzte ein Mann sein Rasiermesser. Er blickte durch das Fenster in den Himmel und sah eine federige Wolke, die auf den vollen Mond zuglitt. Dann der Kopf eines jungen Mädchens mit starren Augen. Jetzt gleitet die federige Wolke vor den Mond. Und das Rasiermesser gleitet durch das Auge des Mädchens und schneidet es entzwei."

In *North by Northwest* hat der um sein Leben laufende Cary Grant natürlich nicht daran gedacht, vor der Flucht seine *Kultursachen* einzupacken. Eine der Widrigkeiten, mit denen er sich demzufolge herumschlagen muß, ist ein winziger Reiserasierer von der Größe eines Puppenärmchens. Sein verdrossener Gesichtsausdruck hätte einen eigenen Platz am Mount Rushmore verdient.

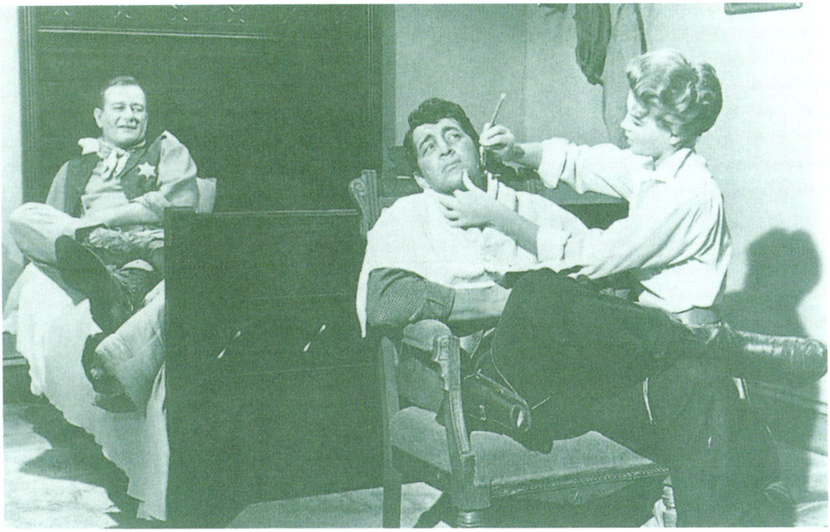

In „Rio Bravo" rasiert eine bekehrte Falschspielerin mit ruhiger Hand (Angie Dickinson) einen bekehrten Trinker (Dean Martin), während John Wayne zuschaut.

Das „Team Gillette"

Seit 1910 hat der amerikanische Hersteller Gillette viele Athleten für die Bewerbung seiner Produkte herangezogen. Die Liste der Baseballspieler, die sich vor der Kamera für Gillette rasierten, liest sich wie die Aufstellung eines Erst-Liga-Teams: Bob Feller, Warren Spahn, Roy Campanella, Willie Mays, Maury Wills, Pee Wee Reese, Elston Howard und viele andere mehr. Für Gilette verloren derart viele Spieler ihr Gesichtshaar, daß es nach einem in den Stadien kursierenden Gerücht ein Baseballer erst dann in die erste Liga geschafft hatte, wenn er von dem Rasiererhersteller unter Vertrag genommen wurde.

Die Besitzer der verschiedenen Teams ließen es sich natürlich nicht nehmen, über die von ihren Spielern getragenden Haartrachten zu befinden. So war der Hauptsponsor der *New York Yankees,* George Steinbrenner, besonders diktatorisch, wenn es um das gepflegte Aussehen seiner Spieler ging. Als in den 1970er Jahren lange Haare, Schnurrbärte und Koteletten in Mode kamen, verlangte er von seinem Team ein Aussehen und Benehmen wie in den 1950ern. Eines Tages wurde der Feldspieler Lou Piniella in Steinbrenners Büro zitiert, um sich für die Länge seiner Haare zu verantworten. Unter Zuhilfenahme der Bibel erklärte der fromme Baseballer seinem Boss, daß auch Jesus lange Haare getragen hatte. Steinbrenners Antwort fiel im wahrsten Sinne des Wortes kurz aus: „Sobald du auf dem Wasser gehen kannst, darfst du auch lange Haare tragen. Und jetzt ab zum Friseur!"

Andere Vereine sahen die Sache weitaus gelassener. So bot das Management der *Oakland Athletics*

Im August 1982 nahmen sechshundert Männer an einem landesweiten Schurrbart-Wettbewerb teil. Hier der Gewinner, Jerry Mlodzik, mit dem Werfer der „Milwaukee Brewers", Rollie Fingers.

seinen Spielern einen Bonus an, wenn sie sich Bärte stehen ließen, um ihren Vorläufern aus den 1920er Jahren zu ähneln. An Rollie Fingers erinnert man sich zum Beispiel ebenso wegen seines extravaganten Schnäuzers wie wegen seiner phantastischen Würfe.

In den 1950er Jahren hielt auch der Elektrorasierer Einzug auf der Leinwand. Es gab ihn zwar schon seit den 1930er Jahren, aber erst kleinere Batterien und Fortschritte in der Kunststofftechnik ermöglichten bunte und schnurlose Modelle. In diesem Jahrzehnt wurde der Rasierer zum Statussymbol des modernen Mannes. Anthony Quinn verwendete ihn in *The Long Wait*, James Stewart hatte zwar das Bein in Gips, konnte sich aber trotzdem in *Rear Windows* rasieren, ohne aus dem Rollstuhl zu fallen, und auch Humphrey Bogart rasiert sich in *Sabrina* elektrisch.

Hausbackene Werbebotschaften

Welten liegen zwischen der Werbung von damals und heute. Das ist nicht neu, und bekanntermaßen zählten und zählen besonders die Dinge des täglichen Gebrauchs zu den Stiefkindern der Werbeschaffenden – frei nach dem Motto: „Wozu noch groß werben, wenn die Leute sie ohnehin brauchen". Diese rational geprägte Grundeinstellung ist nachvollziehbar, beschert Fernsehzuschauern aber bis heute ebenso geist- wie einfallslose Spots mit überdrehten Hausfrauen, die durch keimfrei glänzende Küchen tanzen, und glückseligen Mannsbildern, die schnuppernd in ihr frühlingsfrisch gewaschenes Wohlfühl-Sweatshirt fahren. Für den Gebrauch von Rasierern wird nicht weniger aufdringlich geworben als für Putzmittel und Waschpulver. Gnadenlos war der Beitrag eines Rasierapparateherstellers, der selbst stumpfsinnige Zuschauer geistig unterforderte: Eilfertige Hostessen lauerten Geschäftsleuten an Rolltreppen auf, denen sie erst eine zweite Rasur und schließlich Begeisterung für einen neuen, besonders gründlichen Elektrorasierer abnötigten.

Immerhin machen die Spots für Rasierer in letzter Zeit zumindest optisch wieder von sich reden – in Erinnerung ist gewiß der im Düsenjet dahinrasende Mann, der sich mit dem Durchstoßen jeder weiteren Schallmauer einer optimalen, glatten Rasur nähert. Selten zuvor dürfte eine so simple Botschaft – der „Gillette Mach 3" rasiert schneller und gründlicher – mit einem derart hohen tricktechnischen Aufwand umgesetzt worden sein. In den Anfangstagen der Werbung hatte die Produktinformation allerdings etwas präziser zu sein. Nicht vorenthalten möchten wir Ihnen daher die heute liebenswert-anrührenden Nivea-Werbetexte aus den 1930er Jahren.

„Eine Frage an die Herren: Muß das Rasieren schmerzhaft sein? Nein – Sie müssen sich nur vor dem Einseifen gut mit Nivea eincremen, dann wird Ihre Haut wunderbar glatt und geschmeidig, so daß sogar beim Gegen-den-Strich-Rasieren die Klinge nicht haken oder kratzen kann. Nivea-Creme enthält – wie Sie wissen – Euzerit, und eben darauf beruht ihre überraschende Wirkung. Darum: Noch heute Nivea-Creme besorgen und morgen damit anfangen!"

„Nivea-gepflegte Haut rasiert sich besser! Die Gesichtshaut der Herren wird durch das tägliche Rasieren stets auf's neue strapaziert. Wasser und Seife entziehen ihr Fett und machen sie trocken und spröde. Spröde Haut aber springt leicht auf und macht das Rasieren zur Qual. Wer sich jedoch allabendlich mit Nivea eincremt, wird bei der morgendlichen Rasur erfreut feststellen, daß die Klinge sanft und widerstandslos über die Haut gleitet. Auch Freunden der elektrischen Rasur ist die allabendliche Gesichtspflege mit Nivea-Creme zu empfehlen."

Mein Vater rasiert sich mit Occams-Rasierern

Einmaliges darf nicht unnötig kopiert werden.

William von Ockham

Wir bevorzugen die einfachen Antworten. Für das Unbekannte suche man immer erst die nächstliegenden Erklärungen.

Was wir mit Liebe und mit Poesie uns nicht erschließen können, das suchen wir im Offensichtlichen, Eis, Feuer, Stein, Dampf.

Wenn ich rasierend einen weiteren Tag entferne, seh ich, wie ich dem Vater zugesehn – Tropfen, Seifenspritzer. Oh, Blut! Und welch Verlangen.

Wo ist er nur? Nicht zu den Wolken aufgefahren, um dort, an Drähten, die gespannt wie Harfensaiten, auf und ab zu tanzen – welches Elternteil war jemals für immer und ewig den Flammen übergeben? – doch hier, im Rechteck an der Wand das morgendliche Spiegelbild, ein dunkler Schatten zwischen Lippen, ein Lied, die selbe Stimme, und dieser helle Glanz der Augen.

So wächst er jede Nacht in mir, und taucht im Morgengrauen zum Ende meiner Träume auf, und seine Hand bewegt sich durch die Nebelschwaden.

Und so wie er blute auch ich.

David Citino

CRESCENT TIRE WORKS

Danksagungen

Viele Freunde und Bekannte haben mir mit ihrem Wissen über Rasiergebräuche und Bartpflege bei der Zusammenstellung dieses Buches geholfen. Allen voran danke ich Jane Sarnoff und James Pinfold.

Darüber hinaus schulde ich Dank: Pete Duffy vom Hair Shoppe, Daphne Howland, Ethan Howland, John Howland, Sam Berlind, Kevin Bubrinskie, John Spritz, John David Werner, Dr. Nancy Egan, Dr. Peter Evans, Peter De Staebler, Vance Muse, Sarah Dickey, José Ribas, Marc Libby, Rick Jones von Gentlemen's Choice (Boston), Arthur Marks von Stoddards (Boston), Ruth Abraham Fisher, Hoyt Rogers, Bruce Balboni, Latif Ndiaye, Michael Weber, Paul Heroux, Scott Goldberg, Alan Long, Margaret Burchenal, Steve Caton, Ruth Tracy, Mokha Laghet, Dan Whitman, Sim Smiley und Peter Girouard vom Colonial Barber Shop in Portland, Maine.

Die Mitarbeiter der Curtis Memorial Library, der Bowdoin College Library und der Fragrance Foundation waren eine unentbehrliche Hilfe.

Die Bücher und Artikel von Phillip K. Krumholz über Friseurbedarf und Rasierutensilien haben Fragen beantwortet, von den ich gar nicht wußte, daß Menschen sie stellen.

Ohne die Geduld und Phantasie meiner Redakteurin Tricia Boczkowski und die Findigkeit der Bildrechercheurin Alexandra Truitt wäre das Buch nicht in dieser Form erschienen. Anstoß zum Schreiben und stetige Ermutigung erhielt ich von Amy Gash.

Das Verdienst gebührt ihnen; die Fehler sind mir zuzuschreiben.

Fotos und Illustrationen

Es wurde jede Mühe unternommen, die Urheberrechtsinhaber der in diesem Buch verwendeten Bilder, Zeichnungen und Texte zu nennen. Jede unbeabsichtigte Auslassung sollte dem Autor über den Verlag mitgeteilt werden. Alle Marken- und Produktbezeichnungen sind Markennamen oder geschützte Handelszeichen der jeweiligen Unternehmen.

Seiten 1, 3, Mary Evans Picture Library; Seiten 6/7, Henri Cartier-Bresson/Magnum Photos; Seite 8, Mary Evans Picture Library; Seite 9, Mary Evans Picture Library; Seite 11, Daily Mirror/ Corbis-Bettmann; Seite 12, Hulton Getty/Liaison Agency; Seite 13, James Faris; Seite 14, Hulton Getty/Liaison Agency; Seite 17, DC Comics/ Photofest; Seite 18, Corbis; Seite 20, Mary Evans Picture Library; Seite 22, Corbis-Bettmann; Seite 24, Mary Evans Picture Library; Seite 26, Christie's Images; Seite 27, The Granger Collection, New York; Seite 28, Mary Evans Picture Library; Seite 29, The Granger Collection, New York; Seite 30, The Granger Collection, New York; Seite 31, Mary Evans Picture Library; Seite 32, mit Genehmigung der Fruitlands Museums, Harvard, Massachusetts; Seite 33, The Granger Collection, New York; Seite 34 (alle), The Granger Collection, New York; Seite 35 (alle), The Granger Collection, New York; Seite 36, Corbis-Bettmann; Seite 37, Corbis-Bettmann; Seite 38, UPI/Corbis-Bettmann; Seite 39, © Richard Vogel/Gamma Liaison; Seite 40, Christie's Images/ SuperStock; Seite 41, Christie's Images; Seite 44, SuperStock; Seite 45, © Anthony Edgeworth/The Stock Market; Seite 47, Christie's Images; Seite 48, The Advertising Archives; Seite 51, Photofest; Seite 52, UPI/Corbis- Bettmann; Seite 55, © Brad Trent; Seite 56, UPI/Corbis-Bettmann; Seite 57, Gamma Liaison; Seite 58, UPI/Corbis-Bettmann; Seite 59, Mary Evans Picture Library; Seite 60, The Granger Collection, New York; Seite 61, SuperStock; Seite 62, UPI/Corbis-Bettmann; Seite 63, Baldwin H. Ward/ Corbis-Bettmann; Seite 67, Mary Evans Picture Library; Seite 68, Corbis-Bettmann; Seite 69, Corbis-Bettmann; Seite 70, Corbis-Bettmann; Seite 71, Corbis-Bettmann; Seite 72, Corbis-Bettmann; Seite 73, Corbis-Bettmann; Seite 75, Archive Photos; Seite 76, Andrew Eccles/Outline; Seite 77, Camera Press, Ltd./Archive Photos; Seite 78, Photofest; Seite 79, © Gerard Vandystadt/Allsport; Seite 80, SuperStock; Seite 82, aus Modern Textbook on Barbering, veröffentlicht durch Vaughn Barber Schools; Seite 83, SuperStock; Seiten 84/85, Petrified Collection/The Image Bank; Seite 87, Corbis-Bettmann; Seite 88, SuperStock; Seite 90, Mary Evans Picture Library; Seite 91, Reuters/ Corbis-Bettmann; Seite 92, Corbis-Bettmann; Seite 95, UPI/Corbis-Bettmann; Seite 96 (oben), © Brad Trent; Seite 96 (unten), Corbis-Bettmann; Seite 97 (oben), Corbis-Bettmann; Seite 97 (unten), Mary Evans Picture Library; Seite 98, Christie's Images; Seite 99 (links), Christie's Images; Seite 99 (rechts), © Brad Trent; Seite 100 (oben), Christie's Images; Seite 100 (unten), Stock Montage/ SuperStock; Seite 101 (oben), Corbis-Bettmann;

Seite 101 (unten), The Granger Collection, New York; Seite 102, Photofest; Seite 103 (oben links), Corbis-Bettmann; Seite 103 (unten links), Mary Evans Picture Library; Seite 103 (rechts), mit Genehmigung durch The Gillette Company; Seite 104, Mary Evans Picture Library; Seite 105 (alle), UPI/Corbis-Bettmann; Seite 106 (oben), The Advertising Archives; Seite 106 (unten), UPI/Corbis-Bettmann; Seite 107, UPI/Corbis-Bettmann; Seite 108 (links), Hulton Getty/Liaison Agency; Seite 108 (rechts), Gamma Liaison; Seite 109, Jed Jacobsohn/Allsport; Seite 110, © Zigy Kaluzny/Gamma Liaison; Seite 111, Mary Evans Picture Library; Seiten 112/113, © Zigy Kaluzny/Gamma Liaison; Seite 115, © Zigy Kaluzny/Gamma Liaison; Seite 116, mit Genehmigung des Herstellers von Barbasol® Rasiercreme; Seite 117, Brown Brothers; Seite 118, Mary Evans Picture Library; Seite 119, Graphic House/Corbis-Bettmann; Seite 121, The Advertising Archives; Seite 122, Gamma Liaison; Seite 124, The Advertising Archives; Seite 125, © Rosemary Weller/Tony Stone Images; Seite 126, © Brad Trent; Seite 127, Archive Photos; Seiten 128/129, Archive Photos; Seite 131, The Advertising Archives; Seite 132, The Advertising Archives; Seite 133, PhotoDisc; Seite 134, Corbis-Bettmann; Seite 135, © Garry Gay/The Image Bank; Seite 137, © Luc Hautecoeur/Tony Stone Images; Seite 138, Old Spice® ist ein registrierter Markenname von Procter & Gamble und darf nur mit deren Erlaubnis genutzt werden; Seite 139, Photofest; Seite 140, The Advertising Archives; Seite 142, UPI/Corbis-Bettmann; Seite 143, UPI/Corbis-Bettmann; Seite 144, Express Newspapers/Archive Photos; Seite 145, Corbis-Bettmann; Seiten 146/147, The Kobal Collection; Seite 148, Photofest; Seite 149, The Kobal Collection; Seite 151, UPI/Corbis- Bettmann; Seite 154, © Butch Martin/The Image Bank; Seite 156, The Granger Collection, New York; Seite 160, The Advertising Archives.

Textauszüge

Seite 69, aus „Tossing and Turning" von John Updike. Copyright © 1970 John Updike. Nachdruck mit Genehmigung von Alfred A. Knopf, Inc.; Seiten 86, 89/90, aus „History of Shaving and Razors" von Phillip L. Krumholz. Copyright © 1987 Phillip L. Krumholz, P.O. Box 4050, Bartonville, IL 61607. Nachdruck mit Genehmigung des Autors; Seiten 90–92, aus „Justine" von Lawrence Durrell. Copyright © 1957 Lawrence Durrell. Nachdruck mit Genehmigung der Nachlaßverwaltung von Lawrence Durrell; Seiten 92/93, aus „My Life on the Edge" von Cal Fussman. Copyright © 1991 by Cal Fussman. Erstmals veröffentlicht in GQ. Nachdruck mit Genehmigung des Autors; Seiten 93/94, zusammengestellt aus „By the Hair of Your Chinny Chin Chin" von Richard Brookhiser. Nachdruck mit Genehmigung von FORBES FYI Magazine. Copyright © Forbes Inc, 1996; Seiten 116/117, aus „Babbitt" von Sinclair Lewis. Copyright © 1922 Harcourt Brace & Co., erneuert 1950 von Sinclair Lewis, Nachdruck mit Genehmigung des Herausgebers; Seite 126, „The Razor" von Marvin Solomon. Copyright © 1995 The Modern Poetry Association. Erstmals veröffentlicht in POETRY. Nachdruck mit Genehmigung des Herausgebers von POETRY; Seite 155, „My Father Shaves with Occam's Razor" von David Citino. Copyright © 1993 The Modern Poetry Association. Erstmals veröffentlicht in POETRY. Nachdruck mit Genehmigung des Herausgebers von POETRY.